# GEHT NICHT
# GIBTS NICHT
# DR. NILS JENT

Dr. Nils Jent

Röbi Koller

# Dr. Nils Jent

## Ein Leben am Limit

Zum Schutz der Persönlichkeitsrechte von natürlichen und juristischen Personen wurden einige der Namen geändert.

© 2011 Wörterseh Verlag, Gockhausen

Lektorat: Claudia Bislin, Zürich
Korrektorat: Andrea Leuthold, Zürich
Umschlaggestaltung: Thomas Jarzina, Holzkirchen
Fotos Umschlag: Marcel Studer, Zürich
Layout, Satz und herstellerische Betreuung:
Rolf Schöner, Buchherstellung, Aarau
Druck und Bindung: CPI – Ebner & Spiegel, Ulm

ISBN 978-3-03763-021-1

www.woerterseh.ch

# Inhaltsverzeichnis

# 1. Teil – Nils Jent

# Jenseits vom Jenseits

Das ist die Geschichte eines Menschen, dessen Kraft man mit Worten eigentlich nicht beschreiben kann. Man müsste, um ihm gerecht zu werden, eine neue Kategorie von Superlativen erfinden. Es ist die Geschichte eines Totgeglaubten, der wieder und wieder beweisen musste, dass er nicht nur überlebt hat, sondern dass mit ihm zu rechnen ist.

Ich möchte in diesem Buch das Leben des Nils Jent, Doktor der Ökonomie an der Hochschule St. Gallen, der seit einem schweren Motorradunfall im Jahre 1980 gelähmt, blind und sprechbehindert ist, erzählen. Weil seine Biografie vor mehr als dreißig Jahren nicht nur eine schockierende Wendung nahm, sondern auch höchst erfreuliche, erstaunliche und verblüffende Folgen hatte. Dass dieser Mann aus dem Jenseits, in welchem er sich nach dem Unfall vorübergehend befand, zurückkommen konnte, hat mit etwas zu tun, was bis anhin jenseits meiner Vorstellungskraft lag. Ich spürte, als ich Nils Jent kennen lernte, sofort, dass ich mich auf ihn einlassen und dafür sorgen wollte, dass mehr Menschen von ihm erfahren. Länge, Breite und Höhe definieren die Plastizität eines Körpers. Die Räumlichkeit bedingt drei Dimensionen, an diesem physikalischen Gesetz habe ich mich orientiert und deshalb drei Blickwinkel gewählt, aus welchen diese Geschichte erzählt werden soll.

Ein erster Blickwinkel ist der seiner Mutter Hélène Jent. Sie hat nach dem Unfall anfänglich täglich, später in größeren

Zeitabständen minutiös Protokoll geführt über die kleinen und kleinsten Schritte, die ihr Sohn auf dem Weg der Besserung machte. Meist waren es Fortschritte. Aber es ist auch von Rückschlägen die Rede, von Enttäuschungen, Wut, Trauer, Unverständnis und vom ständigen Kampf für ein lebenswertes Leben. Die Mutter hat in ihren Tagebüchern tausend Fragen gestellt, auf die sie zum Teil bis heute keine Antworten gefunden hat.

Der zweite Blickwinkel ist der von Nils Jent. In den Spiegel schauen kann er nicht. Trotzdem hat er eine klare Sicht auf sein Leben und seine Leistungen. Wenn Jent über Jent spricht, nimmt er es sehr genau und leuchtet auch in die dunklen Winkel seiner Seele. Dass ihm die Rückkehr in die Welt der Lebendigen äußerst schwerfiel und dass er auf seinem Weg viele Hindernisse überwinden musste, davon erzählt dieses Buch. In zahlreichen Gesprächen hat mir Nils Jent über sein Leben Auskunft gegeben. Über jenes des Jugendlichen Nils, der in einer wohlbehüteten Umgebung im Aaretal aufwuchs, der viele Pläne hatte und gerade dabei war, sich seinen Platz in der Gesellschaft zu suchen. Über das Leben des fast toten Nils, der nach seinem schweren Unfall gelähmt, blind und unfähig war zu sprechen.

Die meisten Gespräche mit Nils Jent drehten sich um die Zeit nach Pfingsten 1980. Damals begann sein zweites Leben. Das Leben, das ihn bis heute dermaßen fordert, dass er täglich in unbekannte Welten vordringen muss und permanent am Limit läuft. Um dorthin zu gelangen, wo er heute ist, musste er gegen zahlreiche Widerstände ankämpfen. Er musste kreative Lösungen suchen, wo Barrieren unpassierbar erschienen, musste für sich reklamieren, was für andere selbstverständlich ist. Nur durch das wiederholte Sprengen von

Grenzen kam Nils Jent seinem erklärten Ziel näher, in der Gesellschaft wieder Fuß zu fassen und sich sowohl als Persönlichkeit als auch durch seine Arbeit Respekt zu verschaffen.

Die dritte Sicht auf Nils Jent ist meine eigene. Als die Idee, dieses Buch zu schreiben, an mich herangetragen wurde, dachte ich, die Aufgabe sei wie maßgeschneidert für mich, denn ich kenne mich mit Behinderten aus und habe keine Berührungsängste. In meiner Fernsehsendung »Quer« habe ich öfters Studiogäste interviewt, die physisch, psychisch oder sensorisch handicapiert waren. Auch habe ich Menschen mit Down-Syndrom oder Rollstuhlfahrer auf speziell für sie konzipierten Ferienreisen begleitet – nicht als journalistischer Beobachter, sondern als Betreuer. Ich hatte also mit gutem Grund das Gefühl, mich mit so einem Projekt auf sicherem Terrain zu bewegen und von selber Erlebtem profitieren zu können. Ich war nicht darauf vorbereitet, dass die Begegnung mit Dr. Nils Jent für mich eine total neue Erfahrung werden würde. Schon bei meinem ersten Besuch im November 2009 merkte ich, dass ich noch nie einen Menschen von ähnlichem Kaliber kennen gelernt hatte. Der Dialog mit meinem Protagonisten war dann tatsächlich eine Herausforderung.

Zuerst musste ich lernen, Nils Jents Sprache zu verstehen. Menschen, die ihn zum ersten Mal reden hören, stufen ihn zuweilen als betrunken oder geistig behindert ein. Wegen der Lähmung seiner Zungen- und Gesichtsmuskeln hat er Mühe, Konsonanten deutlich zu artikulieren. So entstehen Wörter und Sätze, die für den ungeübten Zuhörer nur mit viel Fantasie einen Sinn ergeben. Die Gespräche, die ich mit Nils führte, waren anfänglich stockend und von vielen Rückfragen unterbrochen. Mit zunehmender Routine flossen die Dialoge aber problemloser. Viel wichtiger als die Kommunikation war aber, dass ich Nils' Vertrauen gewinnen konnte. Denn er gab in unseren Gesprächen viel von sich preis, erzählte offen von Kämpfen und Rückschlägen, von Erfolgen und Niederlagen, Träumen, Visionen, Hoffnungen und Enttäuschungen. Nicht alles, was wir besprochen haben, ist für die Öffentlichkeit bestimmt. Es galt, einen Weg zu finden, seine Privatsphäre zu respektieren.

Kurz nach unserem ersten Zusammentreffen habe ich Dr. Nils Jent zu einer außergewöhnlichen Veranstaltung der Universität St. Gallen begleitet: zur Eröffnungsfeier des Center for Disability and Integration (CDI), einer Forschungsstelle für die Integration von Behinderten, zu welcher der ehemalige US-Präsident Bill Clinton erwartet wurde. Eingefädelt hatte diesen prominenten Besuch Joachim Schoss, ein erfolgreicher deutscher Geschäftsmann, der sich seit einem schweren Unfall, bei dem er einen Arm und ein Bein verloren hat, emotional und finanziell für die Anliegen von Behinderten einsetzt. Schoss, dessen Stiftung MyHandicap das CDI mit einem namhaften Betrag sponsert, kennt Clinton seit längerem und hat es geschafft, ihn als Botschafter für seine Sache zu gewinnen.

Ich erwarte Nils vor der Einfahrt der Tiefgarage. Kurz vor neun Uhr kommt er mit dem Taxi an und steigt in den Rollstuhl um. Wir fahren mit dem Lift nach oben, wo Referenten, Journalisten und Gäste zur Pressekonferenz empfangen werden. Nils ist nervös. Er sagt, er wolle es nicht verbocken. Normalerweise sei er nur für sich selbst verantwortlich. Hier spüre er jetzt eine größere Last auf seinen Schultern. Er sitzt da und schweigt. Kaffee? Nein danke. Auch sonst nichts. Er wird verkabelt. Tonprobe.

Ich stelle mich den Leuten als Nils Jents Biografen vor, was ein bisschen voreilig ist, denn wir haben uns erst vor vier Tagen kennen gelernt und vereinbart, darüber nachzudenken, ob wir das Buchprojekt gemeinsam angehen wollen. Für Nils scheint das bereits entschieden zu sein. Er macht sich einzig lustig darüber, dass sein Biograf in der Öffentlichkeit bekannter sei als er.

Pressekonferenz mit dem Rektor der Universität, den beiden Direktoren des CDI sowie Joachim Schoss, Nils Jent und zwei Vertretern von Firmen, die Integration von Behinderten aktiv fördern. Schoss ist eine beeindruckende Persönlichkeit. Durch seinen Motorradunfall, bei dem ihn ein Betrunkener in Südafrika von der Straße gefegt hat, sei er von einer Sekunde auf die andere in ein anderes Leben katapultiert worden, sagt er. Er habe lernen müssen, seine Defizite zu akzeptieren, in die Zukunft zu schauen und seine – nach wie vor zahlreichen – Chancen zu nutzen.

Nach der Pressekonferenz dislozieren wir in ein anderes Gebäude. Für Bill Clintons Auftritt wurden erhebliche Sicherheitsmaßnahmen getroffen. Am Eingang werden die Gäste abgetastet und mit Metalldetektoren gecheckt. Es ist viel Prominenz zugegen. Ich erkenne einige, mit denen ich im Zusammenhang mit Themen rund um Behinderte schon einmal zu tun hatte: Rita Roos, die Direktorin von Pro Infirmis, die St. Galler Sicherheitsdirektorin Karin Keller-Sutter, der frühere Nationalrat Marc F. Suter, der seit einem Autounfall querschnittgelähmt ist, Nationalrätin Pascale Bruderer, heute in der Funktion als Vizepräsidentin der Bundesversammlung anwesend, Journalisten von Printmedien, vom Schweizer Fernsehen und von Radio DRS. Es gibt Häppchen, und wir müssen uns gedulden. Jene, die einen gelben Punkt auf dem Badge haben, dürfen später zu einer Fotosession und persönlichem Handschlag mit Bill Clinton.

12

Im Saal vor dem Rednerpult steht ein wunderschönes Blumenbouquet. Kurz vor Beginn der Veranstaltung wird es von Sicherheitsleuten entfernt. Mister Clinton habe eine Blütenstauballergie, heißt es. Der »Blick«-Fotograf schießt sein »Foto des Tages«: zwei Männer, die eine riesengroße Vase wegtragen. Dann setzen sich die Gäste an runde Tische. Joachim Schoss tritt ans Rednerpult und begrüßt Bill Clinton, der sein Referat mit einer Anekdote eröffnet: Er bedanke sich bei der Vizepräsidentin des schweizerischen Parlaments für den freundlichen Empfang. Immer wenn er von offiziellen Politikern empfangen werde, denke er für kurze Zeit, er sei noch im Amt. »Aber es ist gut, dass ich es nicht mehr bin!«

Clinton spricht vierzig Minuten lang, ohne Manuskript. Konzentriert formt er seine Sätze, wie wenn sie ihm live einfallen würden. Rhetorik auf höchstem Niveau. Gar nicht typisch für einen Amerikaner seines Formats ist der ruhige Tonfall. Clinton zieht keine Show ab, sondern signalisiert, dass er wirklich meint, was er sagt. Ich beobachte das Publikum, wie es an Clintons Lippen hängt. Auch Nils Jent ist fasziniert von der Rede des ehemaligen Präsidenten der Vereinigten Staaten. Aber er muss gleichzeitig weiterdenken. Ein Fernsehreporter will ihm hinterher ein paar Fragen stellen. Das treibt ihn um, denn er kann als Blinder schlecht einschätzen, wie er in Szene gesetzt wird, und muss Mitarbeiterinnen und Kollegen, denen er vertraut, um Unterstützung bitten.

Die Situation, der Nils Jent an jenem Novembermorgen ausgesetzt ist, spiegelt seinen Alltag. Das ist permanentes Multitasking. Mitten in einer Szene schon an die nächste denken. Antizipieren, evaluieren, organisieren: Nichts läuft von selbst. Dass Nils Jent als blinder, partiell gelähmter und sprechbehinderter junger Mann ein Gymnasium absolviert, die Matura gemacht und später doktoriert hat, dass er heute ein weitgehend selbständiges Leben führt und in seiner eigenen Wohnung lebt, hätte sich vor dreißig Jahren kaum jemand vorstellen können. Am wenigsten die Ärzte, die den jungen Mann nach seinem Unfall operierten. Aber auch nicht das Pflegepersonal, das ihn lediglich als Körper wahrnahm, dessen Herz zwar schlug, dessen Reaktionen auf die Umwelt aber anfänglich gleich null waren. Wenig Chancen gaben ihm auch die Physiotherapeutinnen, die ihm halfen, einen Teil seiner motorischen Fähigkeiten zurückzugewinnen. Die Invalidenversicherung, die Gelder für Nils Jent sprechen musste, war nur schwer von der Idee einer akademischen Ausbildung zu überzeugen. Die Berufsberater, die über seine Zukunft nachdachten, sahen für ihn, der mehrfach körperlich behindert war und blieb, paradoxerweise handwerkliche Arbeiten vor. Kaum jemand aus dem medizinischen, pflegerischen, therapeutischen, pädagogischen und administrativen Personal, der zuversichtlich genug gewesen wäre, Nils Jents Vision einer akademischen Laufbahn zu teilen. Gar nicht zu reden von jenen Menschen, die ihn aufgrund seiner undeutlichen Artikulation als geistig behindert einschätzten.

Nils Jent wurde vor allem von seinen Eltern unterstützt. Seine Mutter war die Erste, die merkte, dass er, der scheinbar reglos in seinem Bett lag, mit ihr kommunizieren wollte. Sie und ihr Mann Cuno waren es, die später geduldig nach einem Gymnasium suchten, das bereit war, ihren Sohn aufzunehmen. Hélène Jent nahm in der Folge die aufwendige Arbeit auf sich, die meisten Lehrmittel für Nils auf Kassetten zu sprechen, damit er über Kopfhörer den Schulstoff lernen konnte. Parallel dazu entwickelte Vater Cuno gemeinsam mit Nils eine spezielle Computertastatur, die sich mit dem Daumen der rechten Hand bedienen lässt. Eine Weiterentwicklung davon benutzt Dr. Nils Jent noch heute. Auch wenn ihn das Tippen viel Zeit kostet, lässt er es sich nicht nehmen, seine Mails sprachlich sorgfältig zu formulieren und sie nicht selten mit einer Prise Humor zu würzen. Niemand käme auf die Idee, ein mehrfach körperlich behinderter, blinder Mann hätte diese Zeilen geschrieben. Nachdem ich ihm Süßigkeiten mitgebracht habe, schreibt er:»Lieber Röbi – Die Schokonüsse waren lecker. Lieben Dank. Irgendwie fanden alle fix den Weg in meinen Mund. Das war übrigens eine ausgezeichnete Ergotherapieübung.« Oder, nach der mühsamen Suche nach einem Sitzungstermin:»Da wir wirklich vorwärtsmachen müssen, um den Schinken bis Ende Februar gekocht zu bekommen, ist Dienstag mit Zähneknirschen i. O.«

Im Dialog mit Dr. Nils Jent erlebte ich immer Überraschungen. Sowohl im Mailverkehr als auch in den Gesprächen. Das Denken ist seine Königsdisziplin. Analyse, Scharfsinn, Präzision, Tempo: Darin ist er Meister. Also gut, Nils. Ich werde versuchen, Schritt zu halten.

# Pfingsten 1980

Seit ich Nils Jent kenne, sehe ich den Alltag nur noch als An-
sammlung von Hindernissen: Treppen, Schwellen, einsteigen
in Autos, aussteigen aus Bussen oder Zügen. Für jemanden wie
Nils sind das Albträume. Die berührungsempfindlichen Bild-
schirme der Billettautomaten sind für ihn ebenso wertlos wie
ein Handy, dessen Handhabung höchste feinmotorische Geschicklichkeit erfordert.

Ich fahre mit dem Zug von Zürich nach St. Gallen, um mit
Nils zu arbeiten. Umsteigen im Flughafenbahnhof. Ich beobachte die Reisenden, denen Flüge in die ganze Welt bevorste-
hen. Ob sie sich auf ihre Ferien freuen oder geschäftlich unterwegs sind, kann ich nur erraten. Die meisten sind mobil,
bewegen sich selbständig, benutzen Rolltreppen, orientieren
sich an Anzeigetafeln und finden ihr Gate ohne fremde Hilfe.

Ich stehe vor Nils' Haus, klingle und warte, wohlwissend,
wie viel Anstrengung es für ihn bedeutet, um vom Büro zur
Tür zu rollen und dort den Öffner zu drücken. Trotzdem
werde ich ein bisschen ungeduldig und hoffe, dass ihm nichts
passiert ist. Wie lange gebe ich ihm Zeit? Zwei Minuten? Drei
Minuten? Was tue ich, wenn sich die Tür nicht öffnet?

Nils begrüßt mich mit einem Lachen. Wir erledigen zuerst
ein paar Kleinigkeiten, für die er Hilfe benötigt. Zurzeit digi-
talisiert er seine CD-Sammlung, kann aber die Scheiben nicht
selber in den Computer schieben. Ich helfe ihm dabei, und wir
reden über unsere musikalischen Vorlieben. Die üppig-rocki-

gen Siebzigerjahre haben es ihm besonders angetan. Musik aus unserer Jugend: Yes, Genesis oder Manfred Mann's Earthband, deren Album »Solar Fire«, da sind wir uns einig, in die Top-100 der Rockgeschichte gehört.

Dann beginnt er, mir von jenem Wochenende im Mai 1980 zu erzählen, das sein Leben verändert hat.

Es ist sonnig und warm an jenem Pfingstsonntag, Nils und seine Freundin Dagmar gehen schwimmen und sind anschließend bei Dagmars Eltern zu einem Mittagessen im Garten eingeladen. Nils versucht, die freie Zeit zu genießen, denn er ist ziemlich ausgelaugt von der Vormatura, die er in den letzten Tagen und Wochen an der Juventus-Schule in Zürich absolvieren musste. Die Noten, die er soeben erhalten hat, sind alles andere als ermutigend. Trotzdem hat man ihm empfohlen, zur eidgenössischen Maturaprüfung anzutreten. Den Druck, der dadurch auf ihm lastet, spürt er auch an diesem freien Tag.

Wieder zu Hause, schließt sich Nils fünf Freunden an, die mit ihren Motorrädern einen Ausflug zum Pfingstlager der Pfadi planen. Man will den Jungs im Wald einen mitternächtlichen Überraschungsbesuch abstatten und ein paar Streiche spielen. Eine kleine, harmlose Tradition, ein bisschen kindsköpfig, wie sich Nils heute erinnert. Nils' Kollegen sind zu jener Zeit ziemlich wild drauf. Bewegen sich auch mal am Rande der Legalität. Meist kommt man in einem leer stehenden Kellergewölbe zusammen, das man besetzt hält. Eine Bewilligung oder ein Einverständnis des Besitzers wurde nie eingeholt. Man hat sich da einfach breitgemacht und die Bude mit Brettern, die man auf dem Bau »gefunden« hat, ausgebaut. Nicht wirklich kriminell, aber auch nicht hundertprozentig sauber. Auch Nils Jent trifft man ab und zu in diesem Gewölbe an, er hält aber bewusst Abstand zum Kern der Gruppe. Was die Kollegen treiben, ist ihm nicht ganz geheuer, aber es interessiert ihn auch nicht sonderlich. Woher kommt dieser Flipperkasten? Das Bier? Er trinkt keines. Nicht wegen der zweifelhaften Herkunft des Alkohols, sondern aus Prinzip. Als passionierter Sportler ist Nils konsequent abstinent.

Die Gruppe fährt in den Wald und verbringt vergnügliche Stunden bei den Pfadfindern am Lagerfeuer. Man brät Würste und trinkt Cola. Gegen halb fünf Uhr morgens brechen die nächtlichen Besucher auf. Nils startet als Letzter, nachdem er noch erwähnt hat, dass seine 125er-Kawasaki kaum noch Benzin hat. Schon seit mehreren Kilometern fährt er auf Reserve.

Hélène und Cuno Jent, Nils' Eltern, haben den Pfingstsonntag in den Bergen verbracht und sind am Montag nach Hause zurückgekommen. Wie sie den schicksalhaften Tag erleben, protokolliert die Mutter in ihrem Tagebuch:

»Wir waren in Flims. Es war so schön friedlich, wir waren am Caumasee. Am Montag fuhren wir rechtzeitig los und freuten uns auf einen Trunk bei schönstem Sonnenschein auf unserer Terrasse. Um 12.30 waren wir schon zu Hause.

Nanu, das Motorrad ist nicht da. Nils wird in die Badi gegangen sein bei diesem herrlichen Wetter, mutmaßten wir.

Dann in der Garderobe: Sporttasche am Boden. Er hat es eilig gehabt.

Im Zimmer: Merkwürdig, es scheint, als ob er nicht hier geschlafen hätte. Ich schiebe aufkeimende Sorgengedanken beiseite.

Ich nodere ein wenig im Garten, um mich abzulenken.

Telefon: Ich blicke auf. Cuno sitzt und spricht am Telefon …

Cuno steht am Fenster, erstarrt, kreidebleich, wie vernichtet – ich fliege zu ihm. Nils? Ja. Ein Unfall? Ja. Kantonsspital. Schlimm? Ja. – Nicht tot.«

Nicht tot. Eine treffende, wenn auch makabre Beschreibung von Nils Jents Zustand nach seinem Unfall. Nicht tot, aber auch nicht wirklich lebendig.

Nils selber erinnert sich nicht an den Unfall. Der genaue Verlauf ist aus seinem Gedächtnis gelöscht. Retrograde Amnesie, nennen das die Ärzte. Wenn Nils heute erzählt, stützt er sich auf vage Vermutungen. Er macht sich nach dem nächtlichen Ausflug auf der kurvenreichen Straße auf den Heimweg. Akkumulierte Müdigkeit? Ist er beim Fahren eingeschlafen? Hat ihn ein Tier erschreckt? Ist er sonst wie abgelenkt worden? Jedenfalls fährt er in einer unspektakulären Rechtskurve, bevor die Nebenstraße in die Hauptstraße einmündet, geradeaus und kracht direkt in eine Fußgängerunterführung hinunter. So muss es wohl gewesen sein, sagt er. Übersetzte Geschwindigkeit wird nachträglich ausgeschlossen, das Motorrad war mit 50 km/h unterwegs, wo 60 km/h erlaubt waren, das beweist der Tacho, der nach dem Unfall stehen geblieben ist. Für ein Fremdverschulden gibt es keinerlei Hinweise, das werden die Ermittlungen später ergeben. Alkohol war nicht im Spiel.

Augenzeugen gibt es keine, zu Hilfe kommt vorerst niemand. Nils liegt schwer verletzt in der Unterführung und kämpft ums Überleben. Er hat sich beim Aufprall heftige Quetschungen, mehrfache innere Verletzungen und unzählige Brüche zugezogen. Immer wieder fällt er in Ohnmacht. Er befindet sich in einem Zustand zwischen Bewusstsein und Bewusstlosigkeit. Sein Arm ist gebrochen, trotzdem schafft er es irgendwie, den Helm auszuziehen und das Motorrad, das auf ihm liegt, wegzuschieben. Minuten, Stunden vergehen. Nils wird immer schwächer. Vermutlich ist ihm bewusst, dass um diese Tageszeit kaum Hilfe zu erwarten ist.

Nach dem nächtlichen Ausflug kommen die Freunde mit den Motorrädern zu Hause an und stellen fest, dass Nils fehlt. Er wird wohl einen anderen Weg gewählt haben, diskutieren sie, obwohl das angesichts seines knappen Benzinvorrats eher unwahrscheinlich ist. Sie warten eine Zeit lang und beschließen dann, den Weg noch einmal zurückzufahren und nach ihrem Freund zu suchen. Sie finden weder ihn noch das Motorrad. Wieder zurück, warten sie abermals und werden zunehmend unruhig. Jetzt wollen sie noch einmal gründlich nachsehen, ob Nils nicht doch in einer Kurve oder einer unübersichtlichen Stelle einen Unfall gebaut hat und neben der Straße liegt. Sie fahren die Strecke ein zweites Mal ab und machen mehrmals Halt. Aber auch diese Suche bleibt erfolglos. Keine Spur von Nils.

Später wird ihnen bewusst werden, dass sie, ohne es zu wissen, viermal die Stelle passiert haben, wo ihr Freund in der Unterführung im Sterben lag. Weil man schließlich Nils auch nach der zweiten Suche nicht findet, hofft man darauf, dass er aus einem ganz anderen Grund den Anschluss zur Gruppe verloren hat. Vermutlich ist er seinen eigenen Weg gegangen, wie schon öfters vorher. Zudem hatte er doch irgendwo noch eine Freundin. Also: Kein Grund zur Sorge. Die Freunde trennen sich im Morgengrauen, ohne dem Vorfall weitere Beachtung zu schenken.

Nils Jent wird am Montag des 26. Mai, morgens gegen acht Uhr von zwei Buben entdeckt. Sie hören schwache Hilferufe aus der Fußgängerunterführung, gehen hin und finden einen jungen Mann, der halb bewusstlos neben seinem Motorrad liegt. Die Buben rennen nach Hause, ihre Eltern rufen die Polizei an. Kurze Zeit später ist die Ambulanz am Unfallort. Die Sanitäter finden Nils Jent bei Bewusstsein. Der Arzt rät ihm, nicht zu sprechen, das sei nicht gut in seinem schwachen Zustand.

Im Bericht der Ambulanzsanitäter liest sich Nils Jents Zustand am frühen Morgen des 26. Mai 1980 so:

Notfallstatus: Ansprechbar, zeitlich
    ordentlich, autopsychisch bestens ori-
    entiert, örtlich nicht orientiert.
    Retrograde und anterograde Amnesie.
    Kein Foetor äthylicus [Alkoholfahne –
    Anm. des Autors] ex ore [aus dem Mund].
Pupillen mit diskreter Anisocorie, sei-
    tengleich und prompt auf Licht reagie-
    rend. Leicht somnolent [schläfrig].
BD P, Herztöne nach re lateralisiert,
    keine pathologischen Geräusche.
Lungen perkutorisch hypersonor li, VA
    bds.
Abdomen relativ hart, keine Dolenzen,
    kein Loslassschmerz, keine Klopfdolenz.
    Leberrand am Rb, Milz nicht palpabel.
    Nierenlogen leicht indolent.
Kein Stauchungsschmerz von Thorax und
    Rücken.
Re Oberschenkel fast 90 Grad abduziert
    und aussenrotiert, im Kniegelenk auch
    ca. 90 Grad. Trochanter maior re nicht
    auffindbar, federnde Hemmung bei Adduk-
    tionsversuch.
Li. Oberarm stark geschwollen im Schul-
    tergelenksbereich. Functio laesa mit

21

```
Crepitation bei Bewegung im Schulterge-
lenk. Periphere Sensibilität, Motilität
und Vaskularisation des Armes li. wie
des Beines re völlig intakt. Occlusion
der Zähne intakt.
```

Vorsichtig hieven die Sanitäter den verrenkten Körper mit dem abstehenden rechten Bein auf die Bahre, leiten lebensrettende Sofortmaßnahmen ein und transportieren den Schwerverletzten mit Blaulicht ins Kantonsspital Baden. Ein Wettlauf gegen die Zeit beginnt, denn obwohl Nils Jent in akuter Lebensgefahr schwebt, ist an eine Operation vorerst nicht zu denken. Zu instabil ist sein Zustand, als dass sein Körper die Strapazen eines mehrstündigen Eingriffs aushalten würde. Der leitende Arzt der Notfallstation entscheidet: Es wird erst operiert, wenn der Patient stabilisiert ist.

Nach der Stabilisierung des Kreislaufes und der Atmung wird Nils Jent einem komplizierten mehrstündigen chirurgischen Eingriff unterzogen. Eigentlich sind es mehrere Eingriffe gleichzeitig, die unter der Leitung des Oberarztes der Chirurgie vorgenommen werden.

Der Operationsbericht beginnt mit der Zusammenfassung der Diagnose:

```
- Traumatische Milzruptur
- Leberruptur
- Nierenruptur links
- Dünndarmläsion
- Commotio cerebri [Hirnerschütterung]
- Hüftgelenksluxation re.
- subcapitale Schulterluxationsfraktur li.
```

```
- Hämatopneumathorax links bei Rippen-
  serienfrakturen links
- intraop. Herzstillstand
```

Dann eine Übersicht über die verschiedenen Eingriffe:

```
- unblutige Frakturreposition an der
  rechten Hüfte und li. Schulter
- Splenektomie [Entfernung der Milz]
- Lebertamponade
- Dünndarmnaht
- Bülaudrainage links
- offene Herzmassage
- Drainage von Herzbeutel, Mediastinum,
  Leber und Milzloge
```

Schließlich der ausführliche Bericht über die Operation, die gesamthaft drei Stunden dauert:

```
Der 18jährige Patient kommt nach einem
Töff-Selbstunfall in schockierendem
Zustand zu uns. Er ist ansprechbar, hat
jedoch eine retrograde Amnesie für den
Unfall.
Die notfallmässig durchgeführten radio-
logischen Aufnahmen lassen keine Schä-
delfraktur erkennen, jedoch eine Schul-
terluxation mit Fraktur sowie eine
Hüftgelenksluxation und Rippenserien-
frakturen. Daneben erkennt man auf dem
Thoraxbild einen ausgedehnten Hämato-
```

pneumathorax mit Verschiebung des gesamten Mediastinums auf die rechte Seite.
Der Patient wird sofort intubiert und
eine Bülaudrainage eingelegt, aus der
reichlich Blut fliesst. Reposition der
Schulter wie auch der rechten Hüfte,
anschliessend Laparotomie.
Nach Eröffnen des Peritoneums erkennen
wir eine ausgedehnte Blutung auf beiden
Seiten der Därme. Es fällt eine stark
geborstene Milz auf, die notfallmässig
entfernt werden muss. Auch in der Leber
palpieren wir auf der Dorsalseite caudal
einen ca. 3-4 cm langen Riss. Da operativ
der Zugang zu diesem Riss nicht möglich
ist, wird er mit Tabotamp und Spongostan
tamponiert. Sowohl im Retroperitoneum
auf der rechten Seite wie auch links findet sich ein Hämatom, wobei das linkssei-
tige deutlich grösser ist und als Nieren-
riss links gewertet werden muss, was auch
mit der Hämaturie vereinbar ist.
Die Revision des Darmes lässt im mittleren Dünndarmbereich einen mit Blut
gefüllten Darm erkennen sowie eine Dünn-
darmläsion. Dabei ist an dieser Stelle
der Darm auf ca. 1 cm gerissen bis auf
die Serosa. Die eingerissene Stelle wird
übernäht. Ansonst zeigt weder der proxi-
male Dünndarm noch der disterale eine
Läsion, auch enthalten sie kein Blut wie

der mittlere, blaugefärbte Abschnitt.
A.P. für Verletzungen anderer Organe,
z.B. des Pankreas, finden sich keine. Wir
legen nach sorgfältiger Blutstillung im
Abdomen ein Drain in die Milzloge sowie
eines in die Leberloge ein.

Nach diesen komplexen Eingriffen an verschiedenen Organen scheint man Nils Jents Gesundheitszustand einigermaßen im Griff zu haben. Die Chirurgen bereiten das Vernähen der Wunde vor und beginnen sich zu entspannen. Die Operation dauerte mehrere Stunden und war aufwendig, aber sie hat sich gelohnt. Dem Patienten wird es bald wieder besser gehen, denken sie. Dann aber passiert etwas, womit niemand gerechnet hat. Nils Jents Herz steht plötzlich still. Sein Kreislauf kollabiert.

Während des Verschliessens des Peritoneums macht der Patient einen Herzstillstand, so dass wir die Operation unterbrechen und den Patienten mit äusserer Herzmassage und mit Adrenalin zu reanimieren versuchen. Nachdem das nach 1½ Minuten nicht gelingt, entschliessen wir uns zur offenen Herzmassage, indem wir das Sternum distal spalten und das Zwerchfell einschneiden. Auf diese Weise gelangen wir von unten her in den Herzbeutel zum Herzen, das nun manuell massiert wird. Nach ca. 2 Minuten gelingt es, ein Kammerflattern zu erzielen, das wir mit Elektrokonversion in einen Sinusrhythmus umpolen wollen. Das Herz steht jedoch erneut still, so dass wieder von Hand massiert werden muss. Nach weiteren 3 Minuten offener Herzmassage übernimmt plötzlich das Herz wieder den Rhythmus mit einem Sinusrhythmus und einer Frequenz von ca. 60, die dann langsam zunimmt bis 120. Verschluss des Zwerchfells mit einer fortlaufenden 3-Chromcatgutnaht sowie mit Vicryl-EKN. Nach ventral wird der Herzbeutel nicht ganz verschlossen, da es noch leicht blutet und eine Herztamponade vermieden werden soll. Ein zweites Redon wird ventral des Herzbeutels eingelegt. Anschliessend wird das Sternum wieder adaptiert mit Vicryl-EKN und das Abdomen schichtweise verschlossen.

Für Nils Jent wird später klar, dass es kein Zufall gewesen sein kann, dass er überlebt hat. Vielmehr muss es sich hier um die Manifestation der Energie handeln, die weit über das hinausgeht, was wir als Menschen erfassen können. Im Christentum nennen wir es Gott, in anderen Religionen gibt es andere Namen dafür, aber es geht immer um das Gleiche, sagt er: etwas, was übermächtig ist, groß und erhaben. Er ist überzeugt, dass wir Menschen, wenn wir meinen, alles im Griff zu haben, in Wirklichkeit nur einen kleinen Ausschnitt eines Größeren sehen und kontrollieren. Es muss einen Grund geben, warum sein Herz nach sechs bis acht Minuten Pause wieder zu schlagen begonnen hat. Nils Jent glaubt nicht an Zufälle.

# Ein guter Chirurg braucht viel Fantasie

Gespräch mit Dr. Hans Kyburz

*Dr. Hans Kyburz leitete 1980 die Notfalloperation
am Unfallpatienten Nils Jent. Auf meine telefonische
Anfrage hin reagiert der Chirurg sofort. Er erinnere
sich an Nils Jent, so wie er sich an viele Patienten –
vor allem an jene, deren Operationen kompliziert
waren – erinnere. Wir treffen uns in seiner Praxis.
Ich habe ihm den damaligen OP-Bericht mitgebracht,
den Nils' Eltern mir zur Verfügung gestellt haben.
Die Aufzeichnungen wecken seine Erinnerungen,
die präzise sind, wenn auch genaue Zeitangaben über
die Dauer der Operation heute nicht mehr möglich
sind.*

**Dr. Kyburz, erinnern Sie sich daran, was Sie gedacht haben,
als Nils Jent bei Ihnen eingeliefert wurde?**
*Dr. Kyburz:* Ich war schockiert. Der junge Mann war in abso-
lut besorgniserregendem Zustand, fast ausgeblutet und nicht
richtig bei Bewusstsein. Wir fragten uns als Erstes, was passiert
war. Wir wussten nicht, ob Alkohol oder Drogen im Spiel gewesen waren oder ob es lediglich ein Unfall war. Es ging um
Leben und Tod.

**Wie lief die Einlieferung ab?**

Er wurde kaum ansprechbar, blass und mit kaltem Schweiß auf die Notfallstation gebracht. Alles deutete auf einen Schock hin. Wir prüften zuerst alle lebenswichtigen Funktionen: Schlägt das Herz? Atmet er? Reagieren seine Augen? Kann er Finger und Füße bewegen? Was für Schmerzen hat er? Das Problem war, dass er wenige Reaktionen zeigte. Aus Erfahrung wissen wir, dass die Patienten, die nicht schreien, sondern apathisch wirken, in einem gefährlichen Zustand sein können.

**War er bewusstlos?**

Nicht ganz. Aber auch nicht ganz wach. Ich konnte ihm keine Fragen stellen. Haben Sie Drogen genommen? Haben Sie Alkohol getrunken? Meine Fragen waren für ihn nicht mehr wichtig. Das war merkwürdig.

**Wo beginnt man in so einer Situation als Chirurg mit der Arbeit?**

Nachdem die Narkoseärzte und die Internisten den Kreislauf und die Atmung stabilisiert hatten, machten wir Röntgenbilder. Heute würde man sofort ein Ganzkörper-CT machen, aber Computertomografen gab es damals bei uns noch nicht. Auch der Notfall-Ultraschall für Polytraumatisierte (Mehrfachverletzte) stand uns damals noch nicht zur Verfügung; er hätte uns Informationen über mögliche innere Verletzungen gegeben. Die Röntgenbilder zeigten eine Hüft- und eine Schulterverrenkung sowie Rippen-Serienfrakturen mit Hämatopneumathorax. Wir brachten die Gelenke wieder in die Normallage. Das sind mechanische Eingriffe, die man aber sehr vorsichtig angehen muss. Man muss sich vergewissern, dass keine größeren Blutungen an den Extremitäten aufgetreten sind. Am Schädel sahen wir aufgrund der Bilder kein Problem. Wegen der Bewusstseinsstörung des Patienten diagnostizierten wir eine Hirnerschütterung.

Der Hämatopneumothorax ist eine Brustkorbblutung mit Luftaustritt. Diese Blutung behandelt man mit einem Schlauch, den man von außen zur Verletzungsstelle hineinsteckt, eine sogenannte Bülau-Drainage. Man saugt das Blut und die Luft kontinuierlich heraus und stellt den Unterdruck zwischen Lunge und Brustkorb wieder her, damit sich die Lunge wieder ausdehnen kann. Es floss nicht viel Blut aus der Drainage, trotzdem konnte sich der Kreislauf nicht halten, das hieß, dass es irgendwo anders weiterblutete. Durch Beobachtung des Patienten bemerkten wir, dass der Bauch immer härter wurde, was auf Verletzungen und Blutverlust im Bauchraum hindeutete: Darm, Milz oder Leber.

Wir waren ein großes Team: drei Chirurgen, ein Internist, ein Narkosearzt, eine Narkoseschwester, eine OP-Schwester und diverse Helfer. In der Anfangsphase mussten wir uns orientieren und waren in ständigem Dialog miteinander. Der Narkosearzt meldete immer den Zustand des Kreislaufs. Er sagte auch mal: Halt! Jetzt müsst ihr warten, bis der Kreislauf wieder stabil ist. Wir brauchten ein paar Minuten Zeit, bis die Gefäße im Körper wieder mit Blut gefüllt waren. Eine angespannte Situation, wo gute Teamarbeit gefragt ist.

**Äußerlich blutete Nils Jent nicht?**
Nein. Wenn, dann wäre die Diagnose einfacher gewesen. Wenn Sie sich am Arm oder Bein verletzen und ein Gefäß tangiert ist, dann spritzt es raus, und wir wissen sofort, wo wir anfangen müssen. Aber so mussten wir uns an das Problem herantasten. Meine Sorge war, den Kreislauf zu stabilisieren,

denn der Patient hatte fast keinen Blutdruck und einen schnellen Puls. Also öffneten wir den Patienten notfallmäßig und mussten feststellen, dass er tatsächlich massive innere Verletzungen erlitten hatte. Es war viel Blut im Bauchraum. Wir sahen, dass die Milz kaputt war. Das Abklemmen der Milzgefäße sollte eine erste Beruhigung für den Kreislauf bringen. Aber es blutete immer noch. So suchten wir weiter und stellten eine Verletzung hinter der Leber fest, an einer Stelle, wo man schlecht hinkommt. Und der Darm war ebenfalls verletzt. Auch dort blutete es. Durch die lange Zeit, die seit dem Unfall vergangen war, und die mehrfachen Verletzungen hatte Nils Jent so viel Blut verloren, dass der Kreislauf nicht schnell genug stabilisiert werden konnte. So kam es dann zum Herzstillstand.

**Da käme heutzutage ein Defibrillator zum Einsatz.**
Den gabs damals bei uns in Baden noch nicht. Das Narkoseteam musste sofort handeln. Man spritzte dem Patienten verschiedene Medikamente und hoffte, dass das Herz durch diese chemischen Impulse wieder schlagen würde. Aber nichts geschah. Danach versuchten wir es mit äußerer Herzmassage. Dabei drückt man in regelmäßigen Abständen auf den Brustkorb und hofft, durch die mechanische Einwirkung zum Erfolg zu kommen. Auch das gelang nicht. Ich muss zugeben, dass wir den Patienten zu diesem Zeitpunkt schon halbwegs aufgegeben hatten. Aber ich sagte mir, der Mann ist zu jung zum Sterben, es muss doch noch einen Weg geben. Ich entschied mich, den Brustkorb aufzuschneiden und das Herz direkt von Hand zu massieren. Das ist eine sogenannte offene Herzmassage. Wir hatten keine andere Chance. Der Patient hatte abgestellt, das Herz schlug nicht mehr, die Wiederbelebungsmaßnahmen des

Narkoseteams waren erfolglos geblieben. Nils Jent lag da und hatte sich praktisch schon verabschiedet.

**Ich nehme an, Sie brauchten in diesem Moment viel Mut.**

Mein Lehrmeister, der berühmte schwedische Herzchirurg Åke Senning, der lange Zeit die Chirurgische Klinik A des Universitätsspitals Zürich leitete, sagte immer, dass man alles kaputt machen dürfe, was man wieder flicken könne. Also setzte ich alles auf eine Karte und schnitt den Herzbeutel auf.

**Und Sie haben Nils Jent dadurch das Leben gerettet.**

Es war die einzige verbleibende Möglichkeit. Ich sagte mir, ich massiere dieses Herz so lange, bis es wieder schlägt.

**Würden Sie das heute wieder tun?**

Nein, heute ist man ganz anders ausgerüstet. Wir können einen Pacemaker einsetzen und mit Defibrillator arbeiten. Das ist kein Vergleich zur Situation im Jahre 1980.

**Sie handelten also völlig instinktiv?**

Ich dachte einfach, wenn gar nichts mehr geht, dann kann ich auf diesem Weg das Blut ins Hirn und in den Körper pumpen, wie ein Herzschlag. Es war ein junges Herz, und ich hoffte, dass es irgendwann den Rhythmus wieder übernehmen würde. Gleichzeitig wurde ich von den Narkoseärzten unterstützt, die Beutel um Beutel Fremdblut und Medikamente einfließen ließen, um den Kreislauf wieder in Gang zu bringen. Und endlich, nach ein paar Minuten, die mir wie eine Ewigkeit vorkamen, begann das Herz wieder zu schlagen. In der Zwischenzeit wurden die lebenswichtigen Organe des Körpers aber immer durch meine Herzmassage mit Blut versorgt.

**Was war das für ein Gefühl für Sie?**

Zuerst war ich begeistert, dass diese Methode, die ich vorher noch nie angewandt hatte, Erfolg hatte. Aber dann setzte das Herz erneut aus, und ich musste nochmals nachhelfen. Beim zweiten Mal übernahm das Herz definitiv wieder, und wir konnten die Operation beenden. Es war ein nervenraubendes Erlebnis.

**Nils Jent war mit achtzehn ein sportlicher, körperlich fitter junger Mann. Hat ihm das geholfen?**

Klar. Kommt hinzu, dass er weder geraucht noch getrunken oder sonst was genommen hat, er war gesund und kräftig. Ein anderer hätte das Ganze nicht überstanden.

**Sie haben offenbar von Anfang an geglaubt, Nils Jent habe eine Chance.**

Man versucht immer, sein bestes Wissen und Können für das Wohl des Patienten einzusetzen. Wenn man nicht davon überzeugt ist, dem Patienten helfen zu können, operiert man nicht. Jedes Mal, wenn ich operiere, muss ich an den Erfolg glauben. Leider kann man nicht jeden Patienten heilen. Aber man kann in vielen Fällen Leben erhalten und die Lebensqualität von schwer verletzten Menschen verbessern.

**Nils Jents Operationsbericht, den Sie 1980 verfasst haben, schließt mit den Worten: »Der Patient hat den Eingriff so weit gut überstanden.« Das klingt fast zynisch.**

Warum? Ohne Eingriff wäre der Patient nach kurzer Zeit verblutet. Darum ist der erfreuliche Satz »Der Patient hat den Eingriff so weit gut überstanden« durchaus berechtigt. Zugegeben, vielleicht war das Wort »gut« etwas zu optimistisch.

Aber er hatte es überstanden, das war aus meiner Sicht ein Erfolg. Glauben Sie mir: Für mich als Chirurgen ist so eine Situation extremer als jedes Abenteuer. Einfach so in einen Bauch »einsteigen«, ohne eine Ahnung zu haben, was genau zu tun ist, das ist mit großer Ungewissheit verbunden und bedeutet eine erhebliche nervliche Anspannung. Darum freue ich mich hinterher immer, wenn wir mit dem Eingriff ein Leben retten konnten.

**Was für Erinnerungen haben Sie an Nils nach der Operation im Kantonsspital Baden?**
Zuerst ging es ihm nicht gut. Er war eine Zeit lang nicht voll bei Bewusstsein, man musste ihn künstlich ernähren und beatmen. Aber plötzlich kam er wieder. Das gibt es bei solchen Patienten oft. Es war für uns wie eine Erlösung. Obwohl die Genesung sehr langsam vor sich ging.

**Hätten Sie gedacht, dass es Nils Jent je wieder gut gehen könnte?**
Wenn ich ehrlich bin, war es schon ziemlich unsicher. In zwei ähnlichen Fällen sind die Patienten auf dem Operationstisch gestorben. Aber bei ihm hatte ich immer Hoffnung. Ich dachte: Nils muss es schaffen. Er ist jung und stark, er muss leben. Manchmal hat man so etwas wie einen Schicksalsglauben. Er hatte nach meiner Meinung dreimal Glück. Das erste Mal, als er nach dem Unfall, wenn auch viel zu spät, gerade noch rechtzeitig gefunden wurde. Das zweite Mal, als er die schwere OP mit dem zweifachen Herzstillstand überlebte, und das dritte Mal, als er erwachte und sich langsam wieder mitteilen konnte, um zu sagen: Ich bin wieder da.

**Und dann hat er seine Matura nachgeholt und ein Hochschulstudium gemacht.**

Das hätte ich nie gedacht, das muss ich ehrlich sagen. Es gibt für mich zwei Phasen. Die erste ist: Der Patient muss überleben. Zweitens, wenn er überlebt hat, stellt man sich die Frage nach den bleibenden Schädigungen. Dass Herr Jent trotz seiner Handicaps die Matura machen und ein Studium in Angriff nehmen konnte, war eine mentale Leistung, die unvorstellbar ist. Ich kann ihm dazu nur gratulieren.

# Testpilot

Nils Jent erblickt am 25. Februar 1962 im Brugger Spital das Licht der Welt. Cuno und Hélène Jent sind glückliche Eltern, denn der Junge ist gesund. Es ist ihr erstes Kind und wird auch ihr einziges bleiben. Nils wächst relativ unspektakulär auf, wie er selber sagt. Die Familie wohnt vorerst in einem Block und zieht später in eine neue Terrassensiedlung. Während Jents schon dort wohnen, wird noch längere Zeit weitergebaut. Jahrelang sind Kräne und Bagger da und bieten viele Möglichkeiten, Unfug zu treiben. Man schaltet heimlich den Betonmischer ein oder klettert auf ein Gerüst. Ein Eldorado für Schulbuben, die keinen Spielplatz brauchen, da sie jederzeit zwischen Baustelle und Wald wählen können. Dazu kommen noch die große Eisenbahnbrücke, der Damm und der nahe Fluss, wo es einiges zu erforschen gibt. Nils tobt sich in seiner Kindheit tüchtig aus.

Zur Schule geht Nils weder gern noch ungern. Er geht einfach hin und tut, was man ihm sagt. Er ist ein durchschnittlicher Schüler, oberes Mittelfeld. Berufsträume hat er als Kind keine. Erst in der Bezirksschule sieht er sich als zukünftigen Architekten oder, was ihn noch mehr fasziniert: als Testpiloten. Die Karriere des Militärpiloten versucht er auch wirklich in Angriff zu nehmen, indem er sich für die Aufnahmeprüfung an der Aviatikschule in Dübendorf anmeldet. Es ist lediglich eine erste Theorieprüfung, aber Nils geht mit fliegenden Fahnen unter. Völlig unvorbereitet ist er zu diesem Test gegangen und merkt plötzlich, dass er nicht den Hauch einer Chance hat. Noch während der Prüfung wird ihm seine Situation bewusst. Er fühlt sich als totaler Versager.

Rückblickend sieht Nils diese Episode als Teil eines Puzzles. Er erinnert sich an seine Pubertät als schwierige Zeit, in der seine Selbstwahrnehmung stark von der Einschätzung seines Umfeldes abweicht. Während er voller Selbstzweifel ist und sich als relativ trottelig sieht, finden seine Lehrer, Bekannte, Freunde und auch die Eltern, er sei recht intelligent und zu vielem fähig. Tatsache ist, dass er massive Konzentrationsstörungen hat und sich gegen Ende der vierten Klasse der Bezirksschule, also mit ungefähr sechzehn Jahren, kaum etwas merken kann. Was der Lehrer erzählt, geht beim einen Ohr rein und beim anderen wieder raus. Was er zu Hause in den Büchern liest, ist zwei Minuten später wieder vergessen.

Nils hat zu jener Zeit einen Schulschatz. Was ihn an dem Mädchen unter anderem fasziniert, ist dessen Selbstbewusstsein. Während sie in mathematischen Fächern schwächer ist als er, redet sie sich ständig ein: Ich kann das! Ich kann das! Ich kann das! Mit dem Resultat, dass sie beim Abschluss tatsächlich eine deutlich bessere Mathe-Note als Nils erzielt. Er, der Mathematik als sein Hobby betrachtet, wenn nicht sogar als seine Berufung, glaubt nicht wirklich an sich. Diese Erfahrung setzt ihm enorm zu, und er begreift nicht, warum er nicht fähig ist, sich zusammenzureißen und sich zu merken, was er liest und hört.

Im Sport sieht es anders aus, da läuft es gut. Für sein Alter ist Nils überdurchschnittlich groß und kräftig. Dadurch kann er aus dem Vollen schöpfen und frech auftreten. In den meisten Disziplinen, in denen er sich versucht, ist er stark: Judo, Schwimmen, Skifahren oder auch Turmspringen, was er leidenschaftlich betreibt. Auch Mannschaftssportarten liebt er: Handball, Fußball. Und er schwimmt Stafetten. Seine Kollegen schätzen ihn, weil sie wissen: Wenn Nils mitmacht, gewinnen wir.

Der Jugendliche sucht sich einen Traumberuf, bei dem er ganz auf sich alleine gestellt wäre, mit der vollen Verantwortung, seine Pflichten zu erfüllen. Er sieht sich schon in der Luft: meine Maschine und ich, die Technik in meiner Gewalt, das Letzte rausholen. Testpilot, das wäre spannend.

Heute, mehr als dreißig Jahre später, sitzt der Mann vor mir im Rollstuhl, blind, partiell gelähmt und sprechbehindert. Doch Nils Jents Kopf ist voll da, die Gedanken sind glasklar und voller Überraschungen. Seine Behauptung, dass er heute trotz allem so etwas wie ein Testpilot sei, verstehe ich nicht gleich, und er muss mir auf die Sprünge helfen: »Ich kann nur funktionieren, wenn ich täglich ans Limit gehe und die Technik bis aufs Letzte ausreize. Ich würde nicht stehen, wo ich heute stehe«, sagt er, »ich hätte nicht erreicht, was ich erreicht habe, wenn ich nicht jederzeit bereit gewesen wäre, Grenzen zu sprengen, Neuland zu betreten, ans Unmögliche zu glauben und durchzuhalten.«

Der kleine Nils genießt als Einzelkind die ungeteilte Liebe seiner Eltern. Im Familiennest ist ihm wohl, die volle Aufmerksamkeit ist ihm gewiss. An diese Qualität erinnert er sich noch heute. Sie prägte wesentlich sein Wertesystem und seine Haltung gegenüber dem Leben. Cuno und Hélène haben aber auch Erwartungen an ihren Sohn, der schnell merkt, dass er die Verantwortung für sein Tun selber tragen muss. Die Mutter lässt Nils seinen eigenen Weg gehen. Die wenigen Leitplanken, die sie setzt, empfindet er nicht als einschränkend. Seine Entwicklungsschritte macht er mit dem Gefühl, nie jemals zu etwas gezwungen zu werden. Erst in der Pubertät entstehen Konflikte. Hélène Jent kennt ihren Sohn so gut, dass sie jederzeit Probleme benennen und den Finger auf den wunden Punkt legen kann. Genau das will Nils aber nicht. Er kennt seine Defizite selber und mag es nicht, wenn jemand anders ihm sagt, was er sowieso schon weiß. Er braucht Freiheiten und will seinen eigenen Weg gehen. Das sei charakteristisch für ihn: sich nichts sagen lassen, etwas erst glauben, wenn er es selber erfährt. Das hat sich bis heute nicht verändert. Nils Jent gibt zu, dass er Mühe hat, irgendwelche Theorien zu akzeptieren. Sagt man ihm, etwas sei rot, dann reagiert er skeptisch und wird entgegnen: Okay, vielleicht ist es rot, aber wir sollten das sicherheitshalber überprüfen.

Vater Cuno Jent ist Absolvent der Kunstgewerbeschule Basel und arbeitet während Nils' Kindheit in der Konzernleitung einer großen Warenhauskette. Der Sohn sieht seinen Vater zu dieser Zeit als einen Menschen, der ein komplexes Räderwerk zum Funktionieren bringt und alles unter Kontrolle hält. Er hat viele Mitarbeiter unter sich, die er motiviert und zu Höchstleistungen animiert. Nils glaubt, dass sein Vater die Menschen führt, ohne dass sie es wahrnehmen. Das beeindruckt den Sohn. Er nennt das echte Leadership. Anderseits ist Cuno Jent auch ein melancholischer, in sich gekehrter Mensch, ein Einzelgänger. Was in ihm wirklich vorgeht, erfährt man als Außenstehender kaum.

Fest steht, dass Cuno Jent sich nach Nils' Unfall Vorwürfe macht. Er fühlt sich mitverantwortlich für das, was passiert ist. Cuno Jent besitzt einen Mini, den er für seine Fahrten ins Büro benutzt. Nils liebt das Auto und pflegt es, was sein Vater stillschweigend zulässt. Nils geht aber noch weiter: Nach dem Waschen des Autos erlaubt er sich jeweils eine kleine Spritzfahrt. Das Auto »trockenfahren« nennt er das. Insgeheim sieht er den Wagen schon als sein Auto, obwohl er noch nicht einmal einen Lernfahrausweis hat. Als Cuno Jent dies merkt, beschließt er, Nils ein Motorrad zu schenken, um ihn vom Auto wegzulocken. Das Motorrad, mit dem Nils wenige Monate später verunfallt.

Neben der Schule ist Nils Jent sehr aktiv. Er spielt in einer Band namens Partenon Bassgitarre und verschiedene Flöten. Die klassische Grundausbildung hat er hinter sich gelassen und sich der Rockmusik verschrieben. Sein Idol ist Ian Anderson von Jethro Tull. Genau wie dieser versucht Nils, auf einem Bein stehend zu spielen. Mit der Querflöte rockt er, während er der Blockflöte eher psychedelische Töne entlockt, bei denen man wegträumen kann. Drogen nimmt er keine, obwohl einer seiner besten Freunde ihm zu verstehen gibt, dass man Drogen konsumieren müsse, wenn man cool sein wolle. Alle anderen seien Bünzlis. Auch wenn es immer wieder zu kleineren Konflikten kommt, ist die Freundschaft zwischen den beiden recht stark, man kennt sich seit dem Kindergarten. Nils hält seinen Freund für äußerst intelligent und ihm selbst überlegen. Trotzdem schafft der Freund die Aufnahmeprüfung in die Bezirksschule nicht, während Nils damit keine Probleme hat. Das Leben von Nils' Freund gerät später in echte Schieflage. Der junge Mann driftet in die Drogenszene ab. Ob er heute noch am Leben ist, weiß Nils nicht. Er hat nichts mehr von ihm gehört. Er sagt, das habe ihn jahrelang beschäftigt.

Als Jugendlicher ist Nils auf der Suche nach seiner Rolle in der Gruppe. Er fragt sich: Wie kann ich mich in eine Gruppe integrieren, ohne mich selber zu verlieren? Er will nicht einfach ein Mitläufer sein, der die Gemeinschaft als Schutz benutzt. »Denn genau das ist die Gefahr: dass du dich nur in

Gesellschaft stark fühlst, wie diese Schlägertypen. Wenn du ihnen einzeln begegnest, brauchst du überhaupt keine Angst zu haben, dann sind sie so ziemlich niemand. Erst als Rudel werden sie gefährlich.« Nils denkt über seine Clique von damals nach:»Wenn du dazugehörst, kannst du jeden Schrott machen und dich im Kollektiv verstecken. Das sieht man auch bei Großkonzernen, in deren Geschäftsleitung es niemanden gibt, der einzeln Verantwortung übernimmt«, sagt er.

Nils wächst nach und nach in eine Außenseiterrolle hinein. Im Skilager hat er eine Ausrüstung, mit der er keinen Staat macht. Er hat sie von den Kindern seiner Gotte geerbt: keine Markenskis, keine Prestigebindung. Darüber hinaus hat man ihn wegen seiner großen Statur in eine zu starke Gruppe eingeteilt, und er kann kaum mithalten. Seine Kollegen hänseln ihn: Seht, der Angeber kann es überhaupt nicht. Im folgenden Jahr weicht Nils den Diskussionen um Markenartikel konsequent aus, was ihm den Ruf einträgt, arrogant und überheblich zu sein. Zudem geht am ersten Tag des Lagers seine Skibindung kaputt, und er zieht in der Folge mehr mit den Mädchen herum. Da heißt es: Der Nils hat immer eine Extrawurst. Das gefällt ihm zwar nicht, aber er stellt fest, dass ihm sein Sonderstatus viel Freiheiten lässt.

Auch heute, als Doktor der Ökonomie an der Universität St. Gallen, sieht sich Nils Jent als Exot. Schon wegen seiner körperlichen Verfassung. Aber auch, weil er anders tickt als seine Kollegen. Neben den brillanten Theoretikern, die es dort gebe, sei er sackschwach, sagt er. Jent sieht sich als Pragmatiker, der auch mal behauptet: So und so funktioniert das in der praktischen Anwendung nicht. Eure Theorie ist zwar supergut ausgearbeitet, steht aber auf einem wackeligen Fundament. Trotzdem oder gerade deswegen respektiert man Nils

Jent an der Hochschule St. Gallen. Natürlich auch wegen des Lebenswegs, den er gegangen ist.

Das Bekenntnis zu einer Gruppe ist für den jungen Nils immer ein Ja-aber. Die dazugehörigen Zwänge missfallen ihm. Er ist zwar oft mit anderen zusammen und sieht sich als Teil eines Teams, will aber jederzeit sagen können: Ich habe jetzt keinen Bock auf euch und gehe meinen eigenen Weg. Ein Individualist, der jederzeit abtauchen kann, wenn ihm danach ist. Die bedingungslose Hingabe, bei der man ohne Kompromiss Ja sagt zu einer Gruppe, ist nicht sein Ding. Eine Clique sieht er als Zweckgemeinschaft: ein paar Kinder, die im Wald herumrennen und Krieg spielen gegen andere Kinder.

Nils Jent hat nicht nur Freunde, sondern auch Freundinnen. Auch wenn er sein Verhältnis als Jugendlicher zum anderen Geschlecht im Rückblick als unspektakulär bezeichnet. Da sind ein paar Mädchen, die ihn interessieren und die sich für ihn interessieren. Zum Beispiel Ingrid. Sie ist zwar zu jener Zeit nicht seine Freundin, sondern jene des Leadgitarristen seiner Band Partenon, der Nils als mittelmäßigen Musiker einstuft. Aus diesem Grund stehen sich die beiden nicht sehr nahe. In Konfliktsituationen ergreift Ingrid aber oft Partei für Nils. Jahre später wird sie völlig unerwartet an Nils' Spitalbett auftauchen und sich um ihn kümmern. In den Augen von Hélène Jent nimmt sie so viel Raum ein, dass die Mutter in ihrem Tagebuch von einer Belagerung schreibt.

Und da gibt es Dagmar, die Nils in einer Disco kennen lernt. Am Anfang wirkt sie auf ihn eher brav, ein Landmädchen halt. Schon bald entdeckt er aber ihre Qualitäten, und es nimmt ihm den Ärmel rein. Ihre Gradlinigkeit und ihre innere Ruhe überzeugen ihn. Nils, der auf dem Land aufgewachsen ist und als Jugendlicher in Zürich zur Schule geht, ist zwar fasziniert von der urbanen Welt mit ihrem Glamour und dem verwirrenden Spiel zwischen Schein und Sein, sucht aber etwas anderes. Dagmar begegnet ihm genau zum richtigen Zeitpunkt. Sie gefällt ihm in ihrer Natürlichkeit, sie verstellt sich nicht und ist nicht übermäßig geschminkt. Nils gefallen ihre braunen Locken und ihre dunklen Augen. Aber da ist noch mehr: Zum ersten Mal in seinem Leben empfindet Nils die Gemeinschaft mit einem anderen Menschen als Einheit, die über das bloße Zusammensein hinausgeht. Zwischen ihm und Dagmar entsteht ein tiefes Vertrauensverhältnis. Man lebt in der gleichen Welt und versteht sich praktisch wortlos.

Nach Nils' Unfall verändert sich seine Beziehung zu Dagmar radikal. Die gemeinsame Welt wird zerstört und hinterlässt zwei Jugendliche in völlig unterschiedlichen Lebenssituationen. Dagmar führt ihre Lehre weiter und bereitet sich auf den Abschluss vor, während Nils im Spital liegt und um sein Leben kämpft. Die unbeschwerte Gemeinschaft der beiden Teenager weicht einer immensen Belastung, die letztlich zum Scheitern der Beziehung führen wird.

Der Schock nach Nils' Unfall ist für Dagmar enorm. Monatelang ist mit Nils kein Austausch möglich, da er nicht sprechen kann. Man kann nichts verarbeiten, keine Fragen stellen und noch weniger auf Antworten hoffen. Und als Nils wieder zu sprechen beginnt, erzählt er zudem wirres Zeug. Er wolle einen Gokart bauen, und ein Freund, der bei Amag arbeitet, solle ihm dafür einen Porschemotor besorgen. Man muss sich das vorstellen: Nils liegt im Spitalbett, ist gelähmt, blind und hat eben seine Sprache wiedergefunden. Da schwafelt er etwas von einem Porschemotor. Für Dagmar ist das zu viel. Ihr Gefühlsleben gerät völlig durcheinander. Für Nils ist der Gokart überhaupt nicht abwegig, sondern ein Versuch, wieder ins normale

Leben zurückzukehren. Ein Anker, der ihm einen Ausstieg aus der Dunkelheit ermöglicht. Doch er erkennt schnell, dass seine Botschaft bei Dagmar nicht ankommt. Der Dialog bricht ab, kaum hat er begonnen.

Ingrids Beziehung zu Nils ist unbelasteter und erlaubt ihr ein pragmatisches Vorgehen. Sie kommt zu Besuch, sie schaltet und waltet, während Nils daliegt und dem nichts entgegenzusetzen hat. Sie nimmt immer mehr Raum ein, ohne sich jedoch als neue Partnerin von Nils zu sehen. Über ihre Motive kann Nils im Rückblick nur spekulieren. Verantwortungsgefühl gegenüber dem verletzten Kollegen? Echte Anteilnahme? Helfersyndrom? Wie auch immer: Dagmar fühlt sich durch die dominante Präsenz der Kollegin enorm bedroht. Die Liebesbeziehung zwischen Dagmar und Nils geht in die Brüche. Und auch der Kontakt zu Ingrid verebbt. Nachdem sie sich eine Zeit lang fürsorglich um Nils gekümmert hat, konzentriert sie sich wieder vermehrt auf sich selber und verfolgt ihre eigenen Pläne, Ideen und Träume.

Nils' Idee von einer mehrmonatigen Weltreise mit Dagmar ist ausgeträumt, die Vision von einer gemeinsamen Zukunft geplatzt. Bei allem Schmerz ist er aber überzeugt, dass es richtig ist, dass Dagmar ihren eigenen Weg geht. Er fragt sich, ob er es überhaupt verantworten könnte, dass dieser Mensch, der sein ganzes Erwachsenenleben noch vor sich hat, seine Zukunft und seine Träume für ihn aufgibt und verbaut. Durch den Unfall hat er, soeben noch ein unbeschwerter Jugendlicher, von einem Moment auf den nächsten gelernt, wie ein Erwachsener zu denken und zu handeln. Noch im Krankenbett wird ihm bewusst, wie wichtig von jetzt an Vernunftsentscheide für sein Leben sein werden. Anstatt intuitives Handeln ist jetzt rationales, wohlüberlegtes Weichenstellen gefragt.

# Dunkelheit

Nachdem Nils wie durch ein Wunder den Motorradunfall, die komplexe Operation und den zweifachen Herzstillstand überlebt hat, liegt er auf der Intensivstation des Kantonsspitals Baden. Seine Eltern müssen erleben, dass ihr Sohn sich nicht bewegt und nicht spricht. Er liegt da und scheint gleichzeitig weit weg zu sein. »Ein kräftiger junger Mann«, stellt eine Ärztin fest, die ihn untersucht und die Werte an den Apparaten abliest. Nach 24 Stunden ist Nils immer noch nicht außer Lebensgefahr. Nils' Eltern verbringen bange Stunden am Bett ihres Sohnes.

Am dritten Tag nach dem Unfall wird Nils klinisch untersucht. Im Bericht schimmert wenig Hoffnung durch. Die vielen medizinischen Fachausdrücke machen Angst:

```
29-5-80 Heute klin. Prüfung: Babinsky bds
    pos. Ausser dem Bauchdeckenreflex sind
    keine weiteren Reflexe auslösbar. Suf-
    fiziente Spontanatmung unter 6l O2
    Insufflation. Doch der Patient ist
    immer noch im Coma vigile, reagiert auf
    Schmerzreiz lediglich mit vermehrtem
    Schlucken und Tachypnoe. Pupillen
    unauffällig. Kreislauf kompensiert,
    Start mit Digitalisierung wegen Tachy-
    cardie.
```

Auf Deutsch bedeutet das: Der Reflex an beiden Füßen ist positiv. Die Atmung ist unter Verabreichung von sechs Litern Sauerstoff ausreichend. Der Patient befindet sich im Wachkoma und reagiert auf Schmerzen mit vermehrtem Schlucken und schnellerer Atmung. Der Kreislauf ist normal. Wegen Herzrasens wird der Patient mit Medikamenten behandelt.

Am selben Tag, gegen Abend, kommt plötzlich Hektik auf rund um Nils. Eine Ärztin informiert Hélène und Cuno Jent, dass man bei ihrem Sohn keine Hirnströme mehr messen könne. Er müsse dringend mit der Ambulanz nach Aarau gefahren werden, um ein Computertomogramm des Kopfes machen zu lassen. Wenn das Resultat nicht gut sei, müsse man sofort operieren, andernfalls komme er wieder zurück nach Baden. In vier Stunden wisse man mehr. Die vier Stunden dauern eine halbe Ewigkeit. Die Eltern fragen sich, was das bedeutet: keine Hirnströme messbar. Hirntod? Und konkret: Wie ist ein Mensch, wenn er hirntot ist? Welcher Teil von ihm lebt dann noch? Die Gefühlslage schwankt zwischen Hoffen und Verzweiflung.

Dann der erlösende Bericht: Nils ist zurück auf der Intensivstation in Baden. Der Computertest hat normale Hirnströme angezeigt. Was genau vorgefallen war, ist nachträglich nicht mehr zu eruieren. Ein defektes Gerät? Hat jemand einen falschen Wert abgelesen? Wie auch immer: Es keimt wieder Hoffnung. In den folgenden Tagen verbessert sich Nils' Gesundheitszustand langsam. Nach und nach werden Schläuche abgehängt und Maschinen ausgeschaltet. Das sind sichtbare Fortschritte. Ein Arzt testet Nils' Reflexe, indem er abwechselnd von der linken und von der rechten Seite her seinen Namen ruft und ihn bittet, den Kopf zu bewegen. Das Resultat ist ermutigend. Man gibt ihm Chancen, aber es werde

Zeit brauchen, er werde seine ganze persönliche Entwicklung, vom Kleinkind bis zum Erwachsenen, noch einmal durchlaufen müssen. Die Eltern können sich darunter wenig vorstellen, nehmen aber auf, dass diese Nachricht zu vorsichtigem Optimismus berechtigt.

Hélène Jent spürt in jenen Tagen, wie Erinnerungen aus ihrem Unterbewusstsein auftauchen. Es sind Bruchstücke von Bildern eines Unfalls, die tief in ihr drin gespeichert sind. Der Schicksalsschlag, dessen Ablauf sie jetzt wieder so plastisch vor sich sieht, traf sie, als sie, 21-jährig, mit ihren Eltern im Auto nach Paris unterwegs war. Der Wagen fing Feuer, und sowohl ihre Mutter als auch ihr Vater kamen in den Flammen ums Leben. Sie selber kämpfte sich aus dem Fond des Fahrzeugs heraus und überlebte mit schwersten Verbrennungen an den Händen. Die Verletzungen waren so gravierend, dass die Ärzte in Erwägung zogen, ihr beide Hände zu amputieren. Zum Glück aber wurde gerade zu dieser Zeit eine neue Technik der Hauttransplantation entwickelt, und da man nichts zu verlieren hatte, entschied man sich, einen Versuch zu wagen. Dank dieser Methode behielt sie ihre Hände und konnte sie nach monatelangem Training, mit kleinen Einschränkungen, wieder bewegen und benutzen. Das traumatische Erlebnis kommt wieder hoch, als Hélène ihren Sohn im Spital liegen sieht. Es hilft ihr, sich in seine Situation zu versetzen. Sie kann nachempfinden, was es heißt, hilflos und ausgeliefert zu sein.

Nach drei Wochen erwacht Nils Jent langsam aus dem Koma, vorerst bemerkt das kaum jemand. Schließlich aber wird er aus der Intensivstation entlassen. Im Lift, unterwegs in die Pflegeabteilung, realisiert er, dass zwei Krankenschwestern über seine Diagnose reden. Die eine liest laut seinen Krankheitsbericht. Die Liste ist ellenlang und will überhaupt nicht enden. In diesem Moment ist Nils wie erschlagen, denn er realisiert jetzt, wie es wirklich um ihn steht. In dieser einen Minute während der Liftfahrt wird ihm zum ersten Mal bewusst, dass sein Leben nie mehr so sein wird wie früher. Im Kopf ist er ein fitter Mann, aber körperlich geht überhaupt nichts mehr. Er kann sich kaum bewegen, sieht nichts, fühlt nichts. Einzig das Gehör und das Gehirn funktionieren noch. Und er beginnt trotzig, seinem Schicksal die Stirn zu bieten. Langsam kämpft er sich zurück ins Leben und macht kleinste Fortschritte.

```
17-6-80 Bei der Prüfung des Babinsky
    zeigt der Patient ein Lachen! Pat. hat
    die Augen immer offen, kann einen lang-
    sam fixieren und nimmt Notiz. Auf die
    Aufforderung hin, den Kopf seitlich und
    auf und ab zu bewegen, tut er das ganz
    ordentlich. Pat. nimmt wenig püriertes
    Essen zu sich und kann vorsichtig trin-
    ken.
25-6-80 Kleine, aber wirkliche Fort-
    schritte. Pat. ist bedeutend wacher,
    nimmt mehr Kontakt mit seiner Umwelt
    auf, man glaubt, dass er jedes gespro-
    chene Wort genau verstehen kann, kann
    aber nach wie vor nicht reden.
30-6-80 Der Patient nimmt sofort Notiz
    von einem, wenn man ans Krankenbett
    tritt, indem er den Kopf auf die ent-
    sprechende Seite wendet. Der Eindruck
    bestätigt sich aber erneut, dass er
```

sich nur akustisch orientiert. Während
der Visite beantwortet der Patient die
Frage, ob er den Arzt sehen könne, mit
dem Schliessen des Mundes, die Frage,
ob er ihn nicht sehen könne, mit dem
Öffnen des Mundes, so wie wir es von
ihm verlangt haben. Nach wie vor also
besteht die Frage: Ist der Patient
blind?

7-7-80 Der Patient nimmt alles wahr, was
um ihn herum geschieht, kann einen gut
verstehen, jedoch keine Antwort geben.
Das schriftliche Resultat eines Augen-
konsiliums steht noch aus, auf Licht
soll der Pat. sofort reagiert haben.
Der Pat. selber gibt einem aber deutlich zu erkennen, dass er nichts sehe.

9-7-80 Das Konsilium hat ergeben, dass
afferente und efferente Sehbahn intakt.
Das heisst günstige Prognose.

Die Sinneswahrnehmungen sind dafür verantwortlich, dass
man sich orientieren und definieren kann. Dieses mehrdimen-
sionale System setzt den Menschen in eine Beziehung zu seinem Umfeld. Er spürt, sieht, riecht, hört und bewegt sich.
Wenn dieses System aussetzt und man auf eine einzige Dimension, die des Hörens, reduziert ist, ist eine räumliche Orientierung nicht mehr möglich.

Nils Jent fühlt sich wehrlos. Er hört Stimmen, kann sie aber
weder einordnen noch eine Beziehung zu ihnen herstellen. Er
ist ausgeliefert, wenn jemand etwas über ihn sagt. Zum Beispiel

den Ärzten, die bei der Visite um sein Bett herum stehen und darüber verhandeln, ob er in die psychiatrische Klinik Königsfelden verlegt werden soll. Nils ist verunsichert und fragt sich, ob er jetzt spinnt. Ich kann mich zwar nicht artikulieren, denkt er, das heißt aber noch lange nicht, dass ich nicht ganz dicht bin. Oder doch? Nach längerem Zuhören merkt er, dass es sich um eine Verwechslung handelt. Die Ärzte meinen nicht ihn, sondern seinen psychisch kranken und drogenabhängigen Zimmernachbarn. Damit wird ihm schlagartig klar, dass er sich dringend irgendwie Gehör verschaffen muss. Er versucht, sich mit Zuckungen bemerkbar zu machen, mit dem Resultat, dass die Ärzte denken, er habe einen epileptischen Anfall, und ihm eine Beruhigungspille geben wollen. Nils denkt, mein Gott, ich habe keinen Anfall, ich will euch nur etwas sagen.

Später kommt eine Krankenschwester und will ihm wortlos eine Pille in den Mund schieben. Nils verweigert sie, indem er die Zähne zusammenbeißt. Die Frau holt Hilfe. Eine Kollegin schlägt vor, einen spezifischen Griff anzuwenden, mit dem man Hunde dazu bringt, das Maul zu öffnen. Die beiden Frauen schaffen es, das Medikament in seinen Rachen zu schieben, aber er versucht, es wieder hinauszubefördern, was nicht so einfach ist mit einer teilweise gelähmten Zunge. Schließlich gelingt es ihm, die Tablette aus dem Mund zu schieben. Der Vorfall liest sich im Pflege- und Sozialbericht der Station so:

```
27-6-80 Pat. hat wieder gekrampft. Pat.
   war sehr traurig, hat heute morgen ge-
   weint. Wollte Medikamente nicht nehmen.
```

Als Hélène Jent zu Besuch kommt, spürt sie Nils' Unruhe und schließt daraus, dass etwas nicht stimmt. Wie die Ärzte versucht auch sie, mit ihrem Sohn in Kontakt zu treten. Sie ist die Erste, die realisiert, dass er seine Augenlider bewusst öffnen und schließen kann. Das bringt sie auf eine Idee. Sie sagt ihm langsam das Alphabet auf. Dabei stoppt sie, sobald er seine Augen schließt, und notiert den entsprechenden Buchstaben. Danach wieder von vorne. Buchstabe für Buchstabe. Kaum vorstellbar, wie viel Geduld notwendig ist, um auf diese Art einen längeren Inhalt mitzuteilen. Nils Jents Mutter treibt diese Kommunikation voran, protokolliert sorgfältig die Dialoge und stellt fest, dass Nils' Antworten Sinn machen. Sie erkennt, dass ihr Sohn noch völlig klar im Kopf ist.

Regelmäßig kommt eine Physiotherapeutin auf die Station und versucht, Nils Jents unbeweglichen Körper zu lockern. Die passive Mobilität soll verbessert und der Blutkreislauf aktiviert werden. Nils kann nun ein paar kurze Sätze wie »I üebe« sprechen. Die muskulären Lähmungen im Mund- und Zungenbereich lassen nicht mehr zu. Der behandelnde Arzt ist zuversichtlich. Man versucht, die Notglocke über dem Bett so zu richten, dass Nils sie bedienen kann. Aber auch solch kleine Handgriffe stellen fast unüberwindbare Hürden dar. Es ist schwierig, das Ding so zu fassen, um mit dem Daumen den Knopf drücken zu können. Die Hände sind klamm, die Steuerung funktioniert schlecht, und die Orientierung im Raum ist ohne Augenlicht sowieso eine große Herausforderung.

```
16-6-80 Pat. mit Hilfe von Portalift auf-
    gesetzt. Sass ca. ½ Std. in Lehnstuhl.
23-6-80 Pat. ist mit Lift aufgestanden und
    war fast eine halbe Stunde auf.
29-6-80 Zum Aufnehmen müssen 3 Leute da-
    bei sein (Kopf, Rumpf, Beine). Pat.
```

> macht mit dem Arzt Bewegungsfort-
> schritte.
> 7-7-80 Pat. aufs Stehbrett gestellt.
> Spannt dabei die Beine gut durch. Kopf-
> kontrolle vorhanden, aber instabil. An
> der Bettkante üben des Sitzens mit
> seitlichem Armstütz und Gleichgewichts-
> übungen.

In diesen Tagen erwirbt Nils Jent, unbemerkt von seinem Umfeld, eine Fähigkeit, die ihm später sehr nützlich sein wird. Er schafft es, sich mental völlig von der Umgebung abzukapseln und sich voll auf eine Sache zu konzentrieren. Auslöser ist eine Fliege, die im Spitalzimmer umhersurrt und ihn nervt. Immer wieder setzt sie sich auf ihn und krabbelt auf seiner Haut herum. Das spürt Nils, denn seine oberflächlichen Nerven haben sich langsam wieder erholt und sprechen an. Die feinen Impulse stören ihn, er kann sich aber wegen seiner Lähmung nicht wehren, kann das Tier nicht verscheuchen. Das Kitzeln, das die Fliege verursacht und das er wehrlos erdulden muss, bringt ihn fast zur Verzweiflung. Nils beschließt, eine Strategie der Abschottung zu entwickeln. Die Fliege einfach wegdenken! In einem autosuggestiven Training übt er eine Art transzendentaler Meditation, bis die Fliege für ihn subjektiv nicht mehr vorhanden ist. Er zieht sich zurück in sein Innerstes und spürt nicht mehr, was außen passiert.

Nils Jent bezeichnet die Fähigkeit, eine Fliege zu ignorieren, als sein komparatives Potenzial. Er setzt es ein, wenn er gestresst ist oder wenn er sich aufregt, weil etwa der Computer nicht funktioniert. Durch die nervige Fliege entwickelt er eine Fähigkeit, von der ein Nichtbehinderter nicht einmal etwas ahnt, weil er sie überhaupt nicht benötigt. Vielleicht lässt sich diese Konzentrationstechnik noch anderweitig nutzen? Ein Behinderter kann etwas, was ein Nichtbehinderter nicht schafft. Die beiden könnten sich gegenseitig ergänzen, ein heterogenes Team bilden, das einer homogenen Gruppe, die ausschließlich aus Nichtbehinderten besteht, überlegen ist. Vorteile werden verstärkt genutzt, Nachteile abgefedert. Mit achtzehn Jahren, drei Monate nach seinem Unfall, erkennt Nils in seiner Situation zum ersten Mal einen gewissen Vorteil gegenüber Nichtbehinderten. Die Idee von Diversity ist geboren, lange bevor die Fachwelt den Ausdruck offiziell prägt.

Ein gesunder Mensch, der über all seine körperlichen und sinnlichen Funktionen verfügt, kann sich kaum vorstellen, wie es ist, bei vollem Bewusstsein im eigenen Körper eingesperrt zu sein. Nur schon der Gedanke versetzt einen in Panik. Nils Jent erlebt die erste Zeit nach dem Unfall anders. Dass er völlig ausgeliefert ist, ist nicht seine größte Sorge. Vielmehr stellt er fest, dass er keinen Körper mehr hat, nur noch Kopf und Gehör. Er nimmt Stimmen wahr, versteht, was man ihn fragt, kann aber keine Antworten geben. Und es existiert für ihn praktisch keine physische Dimension mehr. Das ist vielleicht verrückter, als wenn man high ist von Drogen, denkt er, ohne genau zu wissen, wie sich so ein Drogenexzess anfühlt, denn er hat diesbezüglich keine Erfahrung. Nils kann sich nicht mehr definieren, bekommt Schwierigkeiten, Traum und Wirklichkeit zu unterscheiden. Verrückt. Aber auch faszinierend. Er lernt eine neue Art von Freiheit kennen und fantasiert vor sich hin. Er kann durch Wände gehen, fliegen oder sich an einen anderen Ort der Welt denken.

Natürlich kennt Nils auch Phasen der Verzweiflung. Ich kann nicht kommunizieren, denkt er. Die Leute fragen mich etwas, aber ich kann nicht richtig antworten. Ich bin zwar wach, befinde mich aber in einer Art Vakuum. Immer wieder versucht er, sich verständlich zu machen. Aber eine der wichtigsten Funktionen, um mit der Umwelt zu kommunizieren, fehlt: die Sprache. Scheiße. Voll Scheiße. Meine Mutter weiß nicht einmal, ob ich das, was sie sagt, verstehe. Nils versucht, sich der Nachtschwester mitzuteilen, scheitert aber. Die Bitte, die Musik auszuschalten und die Tür zu schließen, damit er schlafen kann, kommt nicht an. Er bleibt wach und ist am nächsten Morgen total erschöpft.

Anderseits hat der Schock, der nach dem Unfall noch einige Wochen anhält, auch seine gute Seite. Denn dadurch ist Nils wie in Watte gepackt. Er ist sich seiner Situation zwar bewusst, kann aber die Tragweite nicht abschätzen. Nur bruchstückweise realisiert er, was in seinem Leben noch alles auf ihn zukommen wird. Eines aber begreift er recht schnell: Er muss aufhören, in die Zukunft zu denken. Vor dem Unfall hatte er noch Träume und Visionen. Stellte sich vor, wo er in zehn, fünfzehn Jahren sein würde. Damit ist jetzt Schluss. Ab sofort ist nichts mehr planbar. Nils muss sich auf die Gegenwart konzentrieren und sein Leben im Moment anpacken. Eine wichtige Erkenntnis für seine weitere Entwicklung.

# Schachmatt

Wer Dr. Nils Jent heute in seinem St. Galler Zuhause besucht, staunt über die helle Dreizimmerwohnung mit den vielen geschmackvollen Bildern an den Wänden. Ich fragte mich anfänglich, ob er, da er ja nicht sehen kann, von der Inneneinrichtung oder von der Aussicht auf die Altstadt überhaupt etwas hat. Irgendwann spreche ich ihn darauf an. Er schätze die Ausstrahlung und die Energie der Bilder, sagt er, und freue sich, wenn Gäste darauf reagierten. Zudem könne er hell und dunkel unterscheiden und genieße es, wenn die Sonne scheine. Was ebenfalls sofort ins Auge sticht, ist die wuchtige Stereoanlage mit den High-End-Geräten und den mannshohen Lautsprecherboxen. Nachdem mir Nils von seiner Liebe zur Band Jethro Tull erzählt hat und dass er deshalb früher genau wie Ian Anderson auf einem Bein Querflöte zu spielen versucht habe, schenke ich ihm eine Sammlung ihrer besten Songs. Nils freut sich über das Geschenk und steuert mit seinem Rollstuhl direkt ins Wohnzimmer: Er möchte die Scheibe gleich hören. Präzise erklärt er mir, wo sich der Hauptschalter der Anlage befindet, welche Knöpfe ich in welcher Reihenfolge drücken und wo ich die CD hineinschieben soll. Dann fordert er mich auf, die Lautstärke aufzudrehen. Ich tue es, zuerst vorsichtig, da ich ahne, welche Power dieses Kraftwerk entwickeln kann. Nils ist es zu leise. Er möchte es lauter haben. Okay, lauter. Nils ist noch nicht zufrieden. Ich gebe nochmals einen Zacken drauf. Nils muss schon fast schreien, damit ich ihn höre: »He, dreh auf Röbi!« Ich mache mir schon Sorgen wegen der Nachbarn. Aber gut, es ist morgens um elf, und die meisten werden außer Haus bei der Arbeit sein, hoffe ich. Der Regler ist schon fast am Anschlag, und »Locomotive Breath« dröhnt jetzt durchs halbe Quartier. Nils rollt an die gegenüberliegende Wand, genau in die Mitte zwischen die Lautsprecher und hüpft ein bisschen auf seinem Stuhl hin und her. Auf seinem Gesicht geht die Sonne auf. Ich habe ihn noch nie so strahlen gesehen wie in diesem Moment.

Im Kantonsspital Baden, wenige Monate nach seinem Unfall, beginnt Nils Jent, seinen Bewegungsradius auszuweiten. Er lernt, wieder auf eigenen Füßen zu stehen. Macht kleinste Gehversuche. Erst im Zimmer, dann auf dem Gang. Links und rechts fest gestützt durch zwei Physiotherapeutinnen, ohne deren Hilfe er in sich zusammensacken würde. Drei Schritte vor, drei zurück, dann erschöpft zurück ins Bett. Monate später schafft er es bis in den Garten. Das Erlebnis, wieder einmal an die frische Luft zu kommen, ist gewaltig. Den Wind und die Sonne spüren, die Vögel zwitschern hören, die Geräusche der Autos wahrnehmen. Für Nils sind diese Spaziergänge eine Art Rückeroberung der Welt. Gleichzeitig spürt er, dass alles anders ist als in seiner Erinnerung gespeichert. Als Blinder spricht er auf andere Impulse an als früher. Waren die optischen Signale vorher dominant, so sind es jetzt die akustischen. Mit dem Unterschied, dass man mit den Augen gezielt etwas anschauen kann, während das Gehör wahllos aufnimmt, was hereinkommt. Eine Selektion ist praktisch nicht möglich. Wenn in einem Raum viele Leute durcheinanderreden, kann ein Sehender notfalls seinem Vis-à-vis auf die Lippen schauen, um zu verstehen, was es sagt. Der Blinde muss mit dem akustischen Brei klarkommen.

Am 16. September 1980, nach einem fast viermonatigen Aufenthalt in der Bettenstation der chirurgischen Abteilung, verlässt Nils Jent das Kantonsspital Baden und bezieht ein Zimmer in der Suva-Klinik in Bellikon. Bereits Tage vor dem Umzug ist er nervös. Die Verlegung bedeutet einerseits einen Schritt in eine Zukunft mit Möglichkeiten, sich weiterzuentwickeln, voranzukommen und das Leben zurückzuerobern. Das freut ihn, darauf ist er gespannt, und er spürt die Energie, die ihm diese Aussicht gibt. Anderseits hat er Angst davor, die geschützte Umgebung des Spitals zu verlassen, denn da wird man zu hundert Prozent gepflegt und umsorgt. Inmitten von sehr viel Unheil verströmt das Spital den Duft einer heilen Welt.

Für Nils Jent beginnt in Bellikon der Ernst des Lebens. So jedenfalls kommt es ihm vor, als er dort eintrifft. Einer der ersten Kontakte ist ernüchternd. Eine leitende Ärztin klärt Hélène Jent über die Perspektiven ihres Sohnes auf. Ob sie sich bewusst sei, dass er niemals mehr selber auf die Toilette werde gehen können. Ob sie sich überlegt habe, dass sie ihr Haus werde verkaufen müssen, weil es nicht rollstuhlgängig sei. Nils werde Zeit seines Lebens auf fremde Hilfe angewiesen sein. Gleich zur Begrüßung ein paar Schläge in die Magengegend. Als Hélène ihrem Sohn von den Einschätzungen der Ärztin erzählt, ist Nils bitter enttäuscht. Wer einzig von der Hoffnung lebt, mag sich diese nicht zerstören lassen. Auch wenn Nils später wird zugeben müssen, dass die Ärztin teilweise recht hatte. Aber nur teilweise. Denn Nils lebt heute allein und relativ selbständig.

Bellikon, das bedeutet ein Leben voller Termine bei Physio-, Ergo-, Logo- und anderen Therapeuten. Nils lernt, seine Hände wieder einzusetzen. Unter Anleitung backt er Kuchen. Eine

Arbeit, die viele präzise Handbewegungen verlangt: Eier aufschlagen, Mehl abwägen, Formen ausstechen oder einen Zuckerguss pinseln. Wöchentlich fährt er zur Sprechtherapie nach Zürich. Eine Fahrt, bei der ihm jedes Mal schlecht wird, weil der Chauffeur zu stark heizt und die Dosierung von Gas und Bremse nicht im Griff hat. Durch das ewige Ruckeln ist Nils jeweils total erschöpft. Aber egal, Hauptsache, man kommt mal raus. Weiter profitiert er von einer Wassertherapie. Die warme, weiche Umgebung des Wassers hilft, komplexe Bewegungen zu üben. Zu Nils' Alltag gehören auch neuropsychologische Tests, die Aufschluss über seine geistigen und körperlichen Fähigkeiten geben. Allerdings gibt es praktisch keine brauchbaren Versuchsanordnungen für diese Art von multipler Behinderung. Sie müssten, wollte man verzerrte Ergebnisse verhindern, nach Maß auf diesen speziellen Patienten zugeschnitten werden.

Für Nils Jent bedeutet Sprechen bis heute eine große Anstrengung. Wegen der Lähmung der Zunge und diverser Mundmuskeln muss er jedes Wort bewusst artikulieren, was ihm mal besser, mal schlechter gelingt. Wer sich mit ihm unterhalten will, muss sich an seine verwaschene Aussprache gewöhnen. Man kann nachvollziehen, dass Menschen in einem ersten Reflex denken, der Mann sei betrunken oder nicht im vollen Besitz seiner geistigen Kräfte. Wer Nils Jent besser kennt, wird bald feststellen, dass ihm die Sprache ein wichtiges Werkzeug ist. Er nutzt sie nicht nur, er pflegt sie. Seine E-Mails sind wohlformulierte Mitteilungen, die weit über das Notwendige hinausgehen. Der Mann lässt es sich nicht nehmen, witzige, originelle oder ironische Formulierungen in seine Sätze einzubauen. Dabei muss man sich vorstellen, wie groß der Aufwand für ihn ist, ein paar Zeilen niederzuschreiben. Auf seiner Spezialtastatur, die er lediglich mit dem Daumen der rechten Hand bedient, gibt es neun Tasten, die es ihm ermöglichen, in diversen Kombinationen alle Zeichen abzurufen. Eine metallisch klingende Computerstimme gibt jede Eingabe wieder, die er gerade getippt hat. So arbeitet er sich vor, Buchstabe für Buchstabe, Satz für Satz, und spart sich keine Mühe: Wo nicht behinderte, sehende Menschen sich mit telegrammartigen Sprachskeletten begnügen, verschachtelt Nils Jent Nebensätze und berücksichtigt Orthografie, Grammatikregeln und Satzzeichen.

Die ersten Versuche, sich schriftlich auszudrücken, macht Nils in Bellikon an einer Schreibmaschine. Jeder kennt das System Adler, bei dem ein Finger über der Tastatur kreist und heruntersticht, sobald man den Buchstaben gefunden hat. Nils' System heißt Spürhund und ist noch langsamer. Für jeden Buchstaben muss er sich von neuem mit dem Finger vorarbeiten. Oben links bei Q beginnend, zählt er die Tasten ab, bis er den gewünschten Buchstaben abfeuern kann. Längere Texte auf diese Art zu schreiben, scheint fast unmöglich. Der Zeitaufwand ist enorm. Aber Nils ist geduldig, und er beginnt, Aphorismen zu notieren. Kleine Gedanken, die seine Seelenlage während der Zeit in Bellikon widerspiegeln.

*Ich habe meine Behinderung rational, nicht aber emotional überwunden. Durch das ablehnende Verhalten der mir gegenübertretenden Gesellschaft wird mir meine Behinderung immer wieder schmerzlich bewusst. In solchen Momenten erfasst mich ohnmächtiger Zorn gegen meinen unzulänglichen Körper. Ich hasse die kraftstrotzende Gesellschaft, die psychisch so labil ist.*
*N. J., 2. Juli 1982*

Was Nils am meisten zu schaffen macht, sind die vielen Leute, die ihn behandeln, als hätte er nicht alle Tassen im Schrank. Einmal redet man mit ihm wie mit einem Kind, einmal begegnet man ihm wie einem Betrunkenen, oder man ignoriert ihn einfach. Man vergisst ihn. Mehr als einmal sitzt er nach der Therapie in seinem Rollstuhl vor einem Lift, und niemand holt ihn ab. Die Therapeutin ist davon ausgegangen, dass er von einer anderen Betreuungsperson zum Mittagessen geführt wird. Er verpasst das Essen und – noch schlimmer – fühlt sich als Depp vom Dienst. Solche Demütigungen mag er immer weniger ertragen.

Im Verlauf seines zweieinhalbjährigen Aufenthalts in Bellikon baut Nils Jent seine Fähigkeiten aus und kann darin Überlegenheit beweisen. Sein Ziel ist es, seinem Gegenüber klarzumachen, mit wem er es zu tun hat. Intellektuell zu unterliegen, schmerzt bekanntlich mehr, als wenn man im Armdrücken besiegt wird. Dass Nils körperlich keine Chance hat, ist ihm von Anfang an klar. Also besinnt er sich auf eine Sportart, die komplexes Denken, ausdauernde Konzentrationsfähigkeit und hohe Kombinationsgabe erfordert: Er will lernen, Schach zu spielen. Wie aber soll das gehen, wenn einer nicht sehen kann, wie die Figuren auf dem Feld stehen? Noch schlimmer: Wie soll ein Blinder lernen, gut Schach zu spielen, wenn er zuvor, als er noch sehen konnte, kaum die Grundregeln kannte?

Mithilfe eines Kassettenkurses lernt Nils einiges über das königliche Brettspiel: Eröffnungen, Strategien und Spielverläufe bekannter Partien. Er lässt sich die »Schachnovelle« von Stefan Zweig vorlesen und kommt dabei auf die entscheidende Idee: Ich muss mich vom Brett lösen. Mit den Fingern die Positionen der Figuren auf dem Brett abzutasten, versucht er gar nicht erst. Das wäre ein zu großer Konzentrationsaufwand.

Zudem würde er, so ungelenk er ist, die Figuren dauernd umstoßen. Die Lösung ist viel einfacher, wenn auch grausam anspruchsvoll. Nils sagt sich: Ich muss Schach im Kopf spielen. Mit seiner Mutter übt er, die Partie über mehrere Züge zu überblicken. Am Anfang scheitert er schon kurz nach der Eröffnung. Aber er will weiterkommen. Einen wichtigen Teil seiner Therapie widmet er fortan seinem neuen Hobby. Er beginnt, gegen einzelne Patienten zu spielen, und merkt, dass er die Schwächeren unter ihnen schnell mal schlagen kann. Mit einem Mitpatienten, mit dem er sich gut versteht, übt Nils intensiver. Der erfahrene Spieler bringt ihm einige Tricks bei. Später macht Nils mithilfe eines Schachcomputers weitere Fortschritte.

Der Auslöser für seinen Spieler-Ehrgeiz ist übrigens ein Weisheitszahn, der ihm ein paar Wochen zuvor gezogen worden ist. Seit dem Eingriff spürt Nils etwas, was ihn dauernd in die Zunge pikst, wenn er isst oder spricht. Er denkt, er sei überempfindlich, und beißt auf die Zähne, obwohl es manchmal so stark schmerzt, dass ihm beim Essen die Tränen in die Augen schießen. Aber der Zahnarzt, den er nochmals konsultiert, winkt ab. Er könne nichts Ungewöhnliches erkennen. Pflegerinnen, Therapeuten und Ärzte der Suva wollen ihn nicht ernst nehmen, glauben ihm nicht.

Nils isst immer weniger und verliert innerhalb von zwei Wochen viel Gewicht. Er mag nicht jammern, denn er kann sich die Reaktion denken: Was wollen Sie denn, man sieht ja gar nichts, alles in Ordnung, Herr Jent, tun Sie doch nicht so! Mehr als einmal hört er den Vorwurf, er simuliere, um nicht mehr zur Physiotherapeutin gehen zu müssen, von der er sich schlecht betreut fühlt. Als er einen Termin bei einem auswärtigen Hals-, Nasen- und Ohrenspezialisten hat, bittet er ihn, nachzuschauen, was ihn denn bei jeder Bewegung des Kiefers so quälend in die Zunge steche. Der Arzt untersucht Nils und stellt fest, dass ein Knochensplitter wie eine Haifischflosse aus dem Zahnfleisch ragt. Die Verletzung, die unter der Zunge entstanden ist, hat einen größeren Abszess verursacht, der erst nach einer intensiven und langwierigen Antibiotikatherapie abklingen wird.

Die Erkenntnis, dass er selbst dann nicht ernst genommen wird, wenn er nachweislich ein massives Problem hat, treibt Nils um. Wie kann ich es anstellen, fragt er sich, dass man mir auf Augenhöhe begegnet? Er kommt zum Schluss, dass das Schachspiel der Schlüssel zum Erfolg sein könnte. Und seine Rechnung geht auf. In Bellikon beginnt man zu realisieren, dass der blinde und partiell gelähmte Patient, dem man bis vor kurzem nur sehr wenig zutraute, intellektuell voll auf der Höhe ist. Nils Jent verschafft sich Achtung. Nachdem er zum ersten Mal einen Chefarzt schachmatt gesetzt hat, meint dieser verblüfft, der Patient könne wohl kaum so doof sein, wenn er fähig sei, ihn, den Herrn Doktor, zu schlagen.

Nils Jents persönliche Schachnovelle löst bei ihm selbst einen Aha-Effekt aus: Ich kann etwas lernen, trotz meiner physischen Einschränkungen. Wenn ich mir das Schachspiel beibringen kann, dann sollte auch mehr drinliegen, denkt er sich. Langsam reift in ihm die Vision, die geschützte Welt der Spitäler und Rehakliniken hinter sich zu lassen und zur Schule zu gehen. Nils Jent will wieder ein normales Leben führen.

# Rita

Das Schachspiel bringt Nils Jent in der Klinik in Bellikon nicht nur Respekt unter den Mitpatienten ein. Es ist auch eine willkommene Möglichkeit, Kontakte zu knüpfen und Menschen näher kennen zu lernen. Rita ist eine Frau, die einen verunfallten Arbeitskollegen besucht und, da sie selber Schach spielt, auf Nils aufmerksam wird. Sie stellt sich ihm vor. Jedes Mal, wenn sie mit ihrem Kollegen verabredet ist, versucht sie, auch Nils zu treffen und mit ihm eine Partie zu spielen. Die beiden merken, dass sie einen guten Draht zueinander haben. Aber erst als Ritas Arbeitskollege nach Hause entlassen wird und Rita nach wie vor bei Nils vorbeikommt, um mit ihm zu spielen, wird ihm klar, wie gut der Draht tatsächlich ist, der sie beide verbindet. Sie kommen sich bei jedem Besuch etwas näher, langsam wird daraus eine intimere Beziehung.

Nils denkt an die Zeit vor dem Unfall zurück und sieht sich mit Dagmar, seiner ersten großen Liebe, zusammen. Der vorgezeichnete Weg war klar: Studium – Weltreise – Heirat – Kinder – Haus – Hund – Auto. So fasst er den Lebensentwurf später zusammen. Ein durch und durch bürgerliches Leben, ziemlich bünzlig sogar, findet er im Rückblick. Das, was man halt von Hunderttausenden Leuten vorgelebt bekommt. Als Testpilot sieht er sich zwar auch, aber es ist eher ein abstrakter Wunsch, einmal ganz abzuheben, so etwas wie eine Fluchtmöglichkeit. Tief drin sehnt sich der junge Mann nach ganz viel Normalität.

So etwas wie Normalität wird es aber seit seinem Seitenwechsel vom Menschen ohne Behinderung zum Menschen mit Behinderung nie mehr geben. Nicht für Nils, aber auch nicht für seine Nächsten. Und dann kommt Rita in sein Leben. Nils ist erstaunt, dass sie sich für ihn interessiert. Ausgerechnet für ihn, der in seinen Bewegungen so eingeschränkt ist, der schleppend spricht und nichts sieht. Bald spielt Rita nicht nur Schach mit ihm, sondern liest ihm auch aus Büchern vor, die sie beide interessieren. Ein willkommener Lichtblick in einer Umgebung, die Menschen auf »Fälle« reduziert und die Nils deshalb so zu schaffen macht. In Zimmer 3 wohnt der Schädelhirntraumatiker, in Nummer 8 der Beinamputierte, in Nummer 11 der Hemiplegiker. Hier in der Reha sind alle unfallbedingten Defizite noch viel präsenter als im Krankenhaus, wo man auch Männern und Frauen mit kleineren Verletzungen begegnet.

Die Allgegenwart und die Konzentration schwerster Unfallfolgen belasten das seelische Gleichgewicht des jungen Mannes. Nils Jent lehnt das Belliker Zentrum zu Beginn völlig ab. Er ist deprimiert, weil er den Glauben an seine Chance nicht findet. Ob er eine brauchbare Beweglichkeit wird zurückerobern können? Ob es den Hauch einer Möglichkeit gibt, dass sein Augenlicht zurückkehrt? Auf die für ihn existenziellen Fragen findet er phasenweise nur negative Antworten. Enttäuschend ist zudem das Ergebnis eines Tests, der belegt, dass er nicht so ausgezeichnet hört, wie es ihm seit dem Unfall vorgekommen ist, sondern nur durchschnittlich gut. Nicht einmal in der Disziplin, in der er sich den Sehenden weit überlegen fühlt, brilliert er. Er leidet zunehmend unter dem Hospitalisierungskoller, der schon so manchen Patienten vor ihm ereilt hat. Doch da ist Rita, die ihm in diesen Wochen und Monaten Ausgleich und Halt bietet.

Zwischen Rita und Nils entwickelt sich eine Beziehung, die nach einer ernsten Sache aussieht. So empfindet es jedenfalls Nils. Für ihn ist Rita die große Liebe. Doch die Frau ist nicht ungebunden, sondern verheiratet. Aber sie gibt Nils zu verstehen, dass sie die Zukunft mit ihm gestalten möchte. Nils ahnt zu diesem Zeitpunkt nicht, dass er noch mehr als zehn Jahre später an dieser Geschichte zu beißen haben wird. Die erste große Enttäuschung erlebt er bereits wenige Monate, nachdem sie sich kennen gelernt haben. Obwohl Rita angedeutet hat, dass sie sich von ihrem Mann trennen wolle, macht sie nun eine Kehrtwendung. Sie bespricht sich mit Nils' Mutter und sagt ihr, sie müsse Nils verlassen, obwohl ihr Herz bei ihm sei. Die Verantwortung gegenüber ihrem Mann, der beruflich gerade in einer Krise stecke, bewege sie dazu, bei ihm zu bleiben. Der Abbruch der Beziehung, die ein paar intensive Monate lang gedauert hat, nagt schwer an Nils. Wird er je wieder einem Menschen vorbehaltlos vertrauen können?

Was geht hier genau vor?, fragt er sich. Er sieht sich als Opfer eines Spiels. Ein Mensch kommt mir näher und gibt mir das Gefühl, ich könne mich an ihn anlehnen. Dabei ist es genau umgekehrt: Rita ist die unsichere, schwächere Hälfte. Sie gibt Nils zwar Auftrieb, letztlich zapft sie aber seine Batterie an und holt sich Energie von ihm. Am Ende steht er als Verlierer vor einem Scherbenhaufen. Ein Muster, dem Nils in späteren Jahren noch öfters begegnen wird. Woran liegt es, wird er sich fragen, dass er Frauen anzieht, die in ihm den starken Mann sehen, ihn aber lediglich benutzen, um ihre eigenen Probleme zu besprechen? Er, der scheinbar hilflos in einem Rollstuhl sitzt und in einigen Bereichen seines Lebens auf fremde Hilfe angewiesen ist? Ist es seine klare und strukturierte Art, zu denken? Ist es die zähe Beharrlichkeit, mit welcher er an sich arbeitet und Ziele verfolgt? Oder der bei allen Schwankungen doch unerschütterliche Optimismus? Ist es seine Fähigkeit, bei sich selbst zu sein und in sich zu ruhen?

Im Klinikalltag wird Nils derweil von allerlei weiblichem Personal betreut, umsorgt und gehätschelt. An Zuwendung fehlt es ihm nicht. Aber alle Therapeutinnen dieser Welt können den Verlust von Rita nicht wettmachen. In Nils' Kopf dreht sich alles im Kreis. Eben noch hat er vom perfekten Glück geträumt, ja es war zum Greifen nah, und schon ist der Traum wie eine Seifenblase zerplatzt.

Ritas Verhalten ist für Nils schwer nachvollziehbar. Er stellt sich die Frage, die sich wohl jeder in seiner Situation stellen würde: Welche nicht behinderte Frau wird sich denn überhaupt für eine Partnerschaft mit einem behinderten Mann entscheiden? Nils weiß mit Bestimmtheit, dass er sich nicht mit einer behinderten Frau zusammentun möchte, das wäre nicht gut. Es würde lediglich die Defizite von beiden verstärken. Er möchte sich – nicht nur auf der persönlichen Beziehungsebene, sondern auch im Berufsleben – fernhalten von irgendwelchen Behindertenghettos. Lieber Kontakte knüpfen mit der normalen Businesswelt, sich einbringen mit spezifischen Fähigkeiten. Durch seine Geschichte hat er einen anderen Erfahrungshintergrund als andere Männer. Die Intensität seines Lebens prägt und bereichert ihn, davon kann er viel weitergeben. Davon könnte mit Bestimmtheit auch eine Partnerin profitieren. Aber das sieht man nicht auf den ersten Blick. Vorerst sind da vor allem eine Menge Handicaps. Sie auszublenden, braucht Zeit.

Nils' Herz bleibt mehr als zehn Jahre lang bei Rita hängen. Die erste Phase ist extrem schmerzvoll, da Rita ihn trotz der Trennung ab und zu besucht. Erst als er nach Hause entlassen wird, verlieren sich die beiden aus den Augen. Zwölf Jahre nach ihrer Trennung nimmt Nils wieder Kontakt mit Rita auf. Er weiß, wo sie arbeitet, und meldet sich unter einem Vorwand bei ihr. Sie treffen sich von neuem. Rita sagt, sie wisse jetzt sehr genau, was sie wolle, und redet wiederum von einem gemeinsamen Leben mit Nils. Dieser ist überrascht und bleibt skeptisch – das kennt er doch schon.

Ritas Mann hat seine Krise überwunden und inzwischen ein gut laufendes Geschäft aufgebaut, warum sollte sie ihn aufgeben wollen? Sie hat doch schon einmal gesagt, sie wolle mit ihm, Nils, zusammen sein, und sich dann anders entschieden. Auf der Hut bleiben, denkt er, jetzt nur nichts überstürzen. Nun hat Rita aber einen Trennungsbrief an ihren Mann vorbereitet, den sie Nils zur Begutachtung gibt. Er sieht darin eine Generalanklage an den Mann, mit dem Rita seit Jahren verheiratet ist und mit dem sie – das gibt sie unumwunden zu – auch gerne ein Kind gehabt hätte. Nils überarbeitet den Brief auf Ritas Wunsch hin. Als sie die neue Fassung sieht, sagt sie zu Nils: »Genau das wollte ich sagen. Du hast den Brief perfekt redigiert.«

Rita geht mit dem Trennungsbrief nach Hause, gibt ihn ihrem Mann aber nicht. Sie kneift abermals. Nils ist erschüttert. Trotz aller Vorsicht hat er sich ein zweites Mal um den Finger wickeln lassen. Er merkt, dass das gleiche Spiel abläuft wie in Bellikon vor zwölf Jahren. Es kommt, wie es kommen muss: Die Beziehung verläuft auch dieses Mal im Sand, genau wie beim ersten Mal. Rita hat sich in letzter Minute umentschieden. Für Nils ist es das endgültige Ende einer Herzbeziehung zu einer Frau, von der er sich so viel versprochen hat. Seine Gefühle sind so verletzt, dass er nichts mehr von ihr wissen will.

Eine Episode mit Rita erzählt mir Nils erst später. Nils hatte Rita gefragt, ob sie ihn an einen Kongress begleiten würde, und sie hatte zugesagt. Nils und Rita kamen sich damals zum ersten Mal ganz nah. Was genau passiert ist, möchte er nicht ausführen. Auf meine weiteren Fragen gibt er keine Antwort. Er mag nicht auf intime Details eingehen, die man bei Nichtbehinderten nie zu fragen wagen würde. Es war einfach ein Moment, der sich unauslöschlich in Nils' Gedächtnis eingebrannt hat.

Nach dieser intensiven Erfahrung spürt Nils, dass er eine besondere Fähigkeit hat. Er kann, so ist er von da an überzeugt, einen Menschen einzig über dessen Stimme sehen. Das bedingt aber, dass der Mensch eine Ausstrahlung hat, dass Herz, Seele, Geist und Körper im Einklang sind. Wer Energie ausstrahlt, ist für den blinden Nils plastisch sichtbar. Er sieht hörend, was wir optisch sehen.

# Signalisieren, dass man keinen Knall hat

Gespräch mit Joachim Schoss

*Joachim Schoss ist Gründer der Stiftung MyHandicap. Er hat durch einen schweren Motorradunfall seinen rechten Arm und sein rechtes Bein verloren. Seither kämpft er mit seiner Stiftung für die Anliegen von Behinderten.*

**Herr Schoss, was ging Ihnen durch den Kopf, als Sie die Geschichte von Nils Jents Motorradunfall gehört haben?**
*Joachim Schoss:* Ich dachte, dass Nils doppelt Pech gehabt hat. Erstens durch seinen Unfall, bei dem er sich erhebliche Verletzungen zugezogen hat. Aber ich vermute, dass ihn die Ärzte trotz seines dramatischen Zustandes komplett hätten wiederherstellen können. Vermutlich würde man ihm heute nichts anmerken, und der Unfall von damals wäre einer von vielen gewesen, wie sie leider täglich auf den Straßen passieren. Aber Nils hatte während der Operation ein zweites Mal Pech – und diesmal heftig. Dadurch nämlich, dass sein Herz zweimal stillstand. Warum das genau passiert ist und ob das die Ursache seiner heutigen Behinderungen ist, wird wohl ein medizinisches Rätsel bleiben.

**Haben Sie sich auch schon gefragt, warum es gerade Sie oder Nils Jent traf?**

Klar. Aber – grundsätzlich glaube ich nicht an Zufälle und frage mich deshalb immer wieder, warum der liebe Gott das so und so gewollt hat.

**Lieb von ihm war es auf jeden Fall nicht!**

Nein. Aber man kann von einem großen Glück reden, wenn man überlebt hat – abgesehen von der großen Belastung und den Strapazen, die man nach so einem Unfall aushalten muss. Aber man fragt sich tatsächlich: Warum trifft gerade mich dieses Schicksal?

**Gibt es so etwas wie ein Rezept gegen Wut, Trauer und Verzweiflung?**

Es gibt einen Forscher namens Aaron Antonovsky, der hat Frauen untersucht, die die Gefangenschaft in Konzentrationslagern des Zweiten Weltkriegs überlebt haben. Die einen lebten weiter und freuten sich, dass es ihnen später sehr viel besser ging, die anderen haderten ein Leben lang mit ihrem Schicksal und konnten das Leid, das ihnen angetan worden war, nicht überwinden. Interessant ist, dass die Frauen, die auch Jahre später noch unter den Folgen der Folter litten, auch Probleme mit ihren Wechseljahren hatten. Und umgekehrt: Jene, die ihr Leben trotz früherer Gefangenschaft gemeistert hatten, steckten auch die Umstellung der Wechseljahre gut weg. Daraus wurde abgeleitet, dass jene Menschen, die grundsätzlich das Gefühl haben, Herr ihres Schicksals zu sein, psychisch und physisch gesünder sind als die anderen, die nicht daran glauben, selber für ihr Glück verantwortlich zu sein. Oder anders gesagt: Es ist für die Gesundheit sehr wichtig, daran zu glauben, dass die Schwierigkeiten des Lebens Herausforderungen sind, an denen man wachsen soll. Sowohl im Kleinen wie im Großen.

## Kann man das lernen?

Ob man sich das im höheren Alter noch aneignen kann, weiß ich nicht. Aber man kann es wahrscheinlich seinen Kindern anerziehen. Das ist mein Rat an alle, die ich kenne: Gebt euren Kindern mit, dass ihr Leben in ihren eigenen Händen liegt. Da gibts übrigens eine Korrelation zu Unternehmern. Unternehmer glauben auch stark daran, dass sie ihr Schicksal selbst bestimmen können. Sie sind im Schnitt eher der Überzeugung, dass sie Probleme meistern und mit ihnen klarkommen können.

## Das heißt, Sie waren als Unternehmer ein Stück weit – ohne es zu wissen – vorbereitet auf das, was Ihnen geschah?

In gewisser Weise ja. Ich habe die Stiftung MyHandicap vor allem deshalb gegründet, weil es mich tief getroffen hat, zu sehen, wie meine Mitpatienten aufgaben und teilweise sogar starben. Sie starben nicht an den direkten Folgen des Unfalls, sondern vier, acht Wochen später, völlig entmutigt, an einer Lungenentzündung oder an einer vergleichsweise kleinen Komplikation, die ausreichte, ihnen den letzten Lebenswillen zu nehmen. Es gibt leider viele Betroffene, die große Schwierigkeiten haben, mit einem solchen Schicksal klarzukommen. Deshalb haben wir diese Botschafter, die in die Krankenhäuser gehen und den Patienten sagen, schaut her, ich bin auch im Rollstuhl oder mir fehlt auch der eine oder andere Körperteil. Ja, das ist für uns beide dumm gelaufen! Aber du kannst trotzdem lieben, lachen, glücklich sein, Perspektiven haben, eine Familie gründen und vieles mehr.

Etwas Wesentliches, was in den ersten Tagen nach so einem Schicksalsschlag innerlich vor sich geht, ist die Entscheidung: Akzeptiere und kämpfe ich, oder hadere ich und gebe mich dem Schicksal hin? Und wenn du dich dem Schicksal hingibst, hast du entweder den Tod oder das Behindertenheim vor dir. Wenn du aber fragst: Okay, was muss ich tun, um wieder auf die Beine zu kommen?, dann hast du viele Möglichkeiten.

**Da läuft also vieles im Kopf ab. Aber viele Patienten schaffen es nicht, sich zu motivieren.**
Grundsätzlich bin ich überzeugt, dass eine optimistische Lebenseinstellung per se die bessere ist. Weil einen nachweislich auch bei kleineren Problemen die positive Mentalität weiter bringt als die negative. Was ich auch gelernt habe: Das Gehirn ist trainierbar wie ein Muskel. Wenn du immer den Bizeps trainierst, hast du einen starken Oberarm, das kennt man. Das heißt übersetzt: Wenn du immer positiv denkst, stellst du die Weichen und spurst automatisch vor. Man kann, auch wenn man den Erfolg anfänglich nicht sofort spürt, eine positive Einstellung genauso trainieren wie seinen Körper. Wenn der Schicksalsschlag passiert ist, ist es natürlich schwierig. Deshalb versuchen wir, durch unsere Vorbildbotschafter zu signalisieren: Das Leben ist nach dem Unfall nicht zu Ende. Damit haben wir schon öfters eine Reaktion ausgelöst. Der Patient denkt sich: Wenn der das geschafft hat, dann schaffe ich es auch.

**So ein Vorbild sind Sie, so eines ist auch Nils Jent, ohne Zweifel.**
Ja, das glaube ich. Und ich gehe noch weiter: Ich sage, dass ich damit im Reinen bin, dass der Unfall überhaupt passiert ist,

denn mein Leben hat dadurch eine positive Wende genommen. Der Körper hat gelitten, aber die Seele hat gewonnen, mir geht es heute besser als früher. Und ich bin nicht der Einzige, der nach einem Schicksalsschlag so denkt.

**Die Krise als Chance – das klingt für viele nach billigem Trost. Geht es Ihnen heute wirklich besser als früher?**
Ja, ich bin heute ein sehr glücklicher Mensch. Ich war zwar auch vor dem Unfall glücklich, aber auf der schmalen Spur des geschäftlichen Erfolgs, was zwar auch sehr befriedigend war, was aber vielleicht für ein ganzes Leben nicht reicht.

**Aber der Preis für dieses neue Glück war sehr hoch.**
Natürlich. Ich hätte ihn lieber nicht bezahlt und wäre mit zwei Armen und zwei Beinen zu dieser Erkenntnis gekommen. Aber das Faszinierende ist, dass man sich auch da dran gewöhnt. Ich weiß nicht, wie Nils darüber redet, der noch viel mehr Einschränkungen hat als ich. Aber ich habe mich daran gewöhnt, nur noch einen Arm und ein Bein zu haben. Ich bin in meinem heutigen Leben wahrscheinlich genauso oft wie früher sauer oder verärgert darüber, dass etwas Körperliches nicht funktioniert. Es ist nicht so, dass vorher alles geklappt hat. Da hat auch manchmal eine dritte Hand gefehlt, wenn du etwas zusammenbauen wolltest. Mir ist gestern ein Glas runtergefallen, weil ich versucht habe, drei Gläser gleichzeitig mit einer Hand zu halten. Da habe ich mir überlegt: Hat das jetzt mit deiner Behinderung zu tun, oder warst du einfach nur blöd, zu versuchen, drei Gläser aufs Mal zu tragen?
Es gibt eine Theorie, die besagt, dass deine Grundpersönlichkeit gleich bleibt und du etwa ein Jahr brauchst, um in etwa wieder an der früheren Stelle zu stehen. Wenn du vor einem

Schicksalsschlag ein positiv denkender, fröhlicher Mensch warst, bist du das ein Jahr später auch wieder. Wenn du aber ein negativ denkender Pessimist bist, dann kannst du im Lotto hundert Millionen gewinnen – nach einem Jahr wirst du wieder Trübsal blasen wie vorher. Die Lebenseinstellung scheint sich nicht substanziell zu verändern durch Unfälle oder Schicksalsschläge.

**Die wichtigsten Triebfedern zum Glück sind in einem drin, sagen Sie. Inwiefern spielt denn das Umfeld eine Rolle?**
Das Umfeld spielt eine wichtige Rolle. Ich habe eine Nahtoderfahrung gemacht kurz nach dem Unfall. Die Ärzte standen in der Intensivstation um mein Bett herum und hatten mich bereits abgeschrieben. Da spürte ich meine Kinder bei mir, obwohl sie physisch nicht anwesend waren. Sie gaben mir Kraft. Ich würde meine letzte Hand ins Feuer legen und behaupten, dass das, was ich gespürt habe, hundert Prozent korrekt war. Das war keine Einbildung, sondern eine Übertragung, auch wenn das mit unserem normalen naturwissenschaftlichen Denken nicht vereinbar ist. Das »Auftauchen« meiner Kinder hat mich – letztlich – gerettet, davon bin ich überzeugt.

**Standen Sie nicht einfach unter Drogen?**
Doch, klar, ich war im Krankenhaus die ganze Zeit unter Morphium, aber damit hatte das nichts zu tun. Was sicher ist: Durch die Kombination der körperlichen Reduktion und der starken Schmerzmittel entwickelte ich ein irres Feingefühl für Stimmungen. Es hört sich vielleicht verrückt an, aber es haben vermutlich Hunderte Menschen, Freunde, die von meinem Unfall gehört haben, für mich gebetet oder Kerzen angezün-

det – und das ist definitiv bei mir angekommen. Darum weiß ich heute: Beten hilft tatsächlich. Du spürst die Unterstützung und die Empathie, die du erhältst. Wenn ich manchmal höre, dass am Bett des Sterbenden bereits über das Erbe gestritten wird, dann fehlen mir die Worte. Das muss für den Sterbenden der reine Horror sein. Der steht am Ende seines Lebens und verabschiedet sich mit dem Gefühl, dass es seinen Liebsten nur ums Geld geht. Grauenvoll.

**Sind Sie ein gläubiger Mensch?**
Ja, ich glaube an Gott, wenn auch nicht so sehr an sein Bodenpersonal. Und ich hatte zweifellos eine ganze Reihe von Schutzengeln, die dafür sorgten, dass ich weiterleben konnte.

**Bei Nils Jent hat man nach dem Unfall die Prognose gestellt, dass er nie etwas Gescheites wird machen können. Hat man das Ihnen auch gesagt?**
Meine Prognose war, dass ich sterbe. Dann, als ich zur großen Überraschung der Ärzte überlebte, war die Diagnose: ewiger Pflegefall. So hat man sich geeinigt. Man hat gesagt: Okay, es ist ein medizinisches Wunder, dass er überlebt hat, selber schuld, dass er jetzt ein Pflegefall wird.

Es ist eine Katastrophe, dass die Ärzte sich anmaßen, solche Prognosen zu stellen. Es gibt Patienten, die möchten sterben. Und da möchte ich auch gar nicht dagegen anreden. Wenn einer nach allem Abwägen und im Wissen um alle Möglichkeiten dennoch zu der Erkenntnis kommt, er wolle so ein Leben nicht führen, dann ist das meines Erachtens sein gutes Recht. Aber es gibt Patienten, die wollen unbedingt leben. Die Ärzte jedoch treffen ihr Urteil, ob sie den einen retten und den anderen sterben lassen, nach eigenem Gusto. Es hat mich nie einer gefragt, was ich denn eigentlich will. Das finde ich skandalös.

Darum ist das ein Herzensanliegen von mir. Die Ärzte sollten den Patienten zusätzlich zur durchschnittlichen Prognose immer auch die beste Perspektive nennen. Man muss doch unbedingt sagen: Im Schnitt leben die Menschen mit derselben Diagnose zwar nur ein halbes Jahr, aber es gibt zehn Prozent, die leben damit ewig. Auch wenns nur ein Prozent ist, das muss man als Hoffnung doch aufzeigen. Jeder Chef weiß, dass er seinem Mitarbeiter niemals sagen darf: Wahrscheinlich schaffst du das sowieso nicht. Er wird ihn aufmuntern und sagen: Du kannst es packen. Immer! Das hat mit Motivation zu tun.

Der Kopf spielt bei der Rehabilitation eine extrem entscheidende Rolle, das wissen die Ärzte. Und trotzdem demotivieren sie ihre Patienten. Ich halte das für eine Katastrophe.

**Wo stehen wir im Moment in der Frage der Integration von Behinderten?**
Es sieht ein wenig düster aus. Früher gab es unterschiedliche Meinungen, ob behinderte Menschen zu separieren oder zu integrieren seien. Heute ist man sich zum Glück einig, dass Integration das erstrebenswerte Ziel ist. Das kann ich nur fett unterstreichen. Deshalb machen wir unsere Arbeit mit der Stiftung MyHandicap und im CDI der Universität St. Gallen. Es liegt leider noch vieles im Argen.

Zum Thema Integration gebe ich Ihnen ein Beispiel: Der Umstand, dass jemand eine leichte Kurzsichtigkeit hat und darum eine Brille trägt, macht ihn doch nicht automatisch zum Freund aller Brillenträger. Das war aber die Denkart, wie sie lange vorherrschte. Weil einer eine Behinderung hat, gehört er jetzt zur Gruppe der Behinderten. Und die machen zusammen Sport, die gehen gemeinsam zur Schule, die leben gemeinsam im Heim. Das ist natürlich nicht im Interesse der Behinderten.

Handicapiert zu sein, ist sicherlich – vor allem in einem schweren Fall – ein einschneidendes Merkmal, aber es verändert erst mal dein soziales Umfeld nicht. Menschen mit Behinderungen wollen so integriert wie möglich sein. Bill Clinton hat das als Schirmherr von MyHandicap auf den Punkt gebracht, als er sagte, wir seien alle irgendwie behindert. Diese Aussage kann jeder bestätigen, der eine mehr, der andere weniger. Manche, die zwei Arme und zwei Beine haben, sind vielleicht mehr behindert, als ich mich fühle.

Die Talente von Behinderten nicht zu nutzen, ist nicht nur humanitär bedenklich, sondern auch volkswirtschaftlich schlecht. Nun gibt es aber leider eine Menge von Mechanismen, die Behinderte nicht belohnen, sondern bestrafen, wenn sie arbeiten. Da muss sich noch viel in den Köpfen, aber auch in den Gesetzen verändern. Unser Anliegen ist es, dass die Betroffenen, die wirklich hilfebedürftig sind, eine faire Rente erhalten, und die, die arbeiten wollen und können, eine Arbeitsstelle finden.

**In Zukunft werden neue Arten von Behinderungen noch viel zu reden geben: psychische Behinderungen, Burnouts und Ähnliches.**

Noch wesentlicher, als Behinderte zu reintegrieren, ist das Bemühen, neue zu verhindern. Wenn wir nur noch halb so viele neue Menschen mit Handicaps hätten, wäre das viel wirkungsvoller als alle Versuche, jene zu integrieren, die bereits krank sind. Die mentalen und psychischen Behinderungen stellen in Zukunft eine große Herausforderung dar. Hier muss man die Umstände verändern, die dazu führen, dass es immer mehr Burnouts gibt.

**Das hat mit der Arbeitssituation, mit Stressbelastung, Work-Life-Balance und derartigen Faktoren zu tun.**
Das hat aber auch mit unserer Wohlstandssituation zu tun. Wenn du dir täglich überlegen musst, wie du deine Kinder durchfütterst, dann ist Work-Life-Balance kein Thema für dich. Ich wuchs in Deutschland auf. Und – glauben Sie mir – meine Eltern haben weit mehr geleistet als wir alle zusammen, weil nach dem Krieg das Land wieder aufgebaut werden musste. Da wusste man noch nicht, was ein Burnout ist, und kaum einer wurde depressiv. Man musste einfach funktionieren. Ich glaube, es gibt viel weniger Burnouts, wenn man weiß, wofür man etwas tut, und einen Sinn in seiner Tätigkeit sieht.

**Einige Behindertengruppen haben es leichter als andere, weil man sie mit einfachen Mitteln unterstützen kann. Zum Beispiel Rollstuhlfahrer. Da helfen schon Rampen und Lifte.**
Ja, aber im Rollstuhl zu sitzen, ist andersrum ganz schwierig. Ich habe das selber erlebt. Da bist du mit den Leuten nicht auf Augenhöhe, was zu merkwürdigen Situationen führt. Mitarbeiter, deren Chef ich früher war – oder heute noch bin – knien vor mir nieder wie vor ein Kind, weil sie es sich gewohnt sind, zu mir aufzuschauen und nicht umgekehrt. Das ist fast nicht zum Aushalten.

Trotzdem lebe ich mit meiner Behinderung recht gut. Ich glaube, wenn jemandem ein Arm fehlt, dann ist das noch relativ cool.

**Wie meinen Sie das?**

Ich erlebe das immer wieder: Meine Behinderung gilt als gesellschaftlich okay, und ich erfahre große, spontane Hilfsbereitschaft und Unterstützung. Aber wenn jemand ein entstelltes Gesicht hat, wenn einer undeutlich spricht oder psychische Probleme hat, dann hat er in der Gesellschaft viel mehr Mühe. Es fällt den Leuten wirklich schwer, von einem entstellten Äußeren zu abstrahieren und dahinter den Menschen zu sehen.

**Nils Jent erlebt oft, dass Leute, die ihn zum ersten Mal reden hören, denken, er sei betrunken oder geistig behindert.**

Darum war ihm sein Doktortitel so wichtig. Ich kann das gut verstehen. So kann er unverzüglich jedem, der mit ihm zu tun hat, signalisieren, dass er keinen Knall hat.

# Zukunft?

In der Rehaklinik Bellikon beobachtet Nils Jent die Menschen. Er sieht sie zwar nicht, spürt aber die Stimmung. Zum Beispiel, wenn er die Dialoge der männlichen Mitpatienten hört, die darüber fantasieren, was sie mit ihrer Frau oder Geliebten am Wochenende alles nachholen wollen. Am Montag dann die Berichterstattung. Heldengeschichten, von denen du ahnst, dass die meisten frei erfunden sind, von Männern, die ihre Bedürfnisse nicht mehr befriedigen können und das nicht zugeben wollen. Vermutlich haben die meisten zwei Tage lang vor sich hin geheult, weil mit der Frau nichts mehr läuft, denkt Nils. Er ortet bei seinen Mitpatienten soziale Defizite, die meist nicht ohne Folgen bleiben. Nach Unfällen mit schweren Verletzungen zerbrechen tatsächlich überdurchschnittlich viele Beziehungen an den veränderten äußeren Umständen und der heftigen psychischen Belastung.

Auf meine Frage, wie es denn bei ihm war, antwortet Nils nur zögerlich. Intimes preiszugeben, ist nicht seine Sache. Trotzdem ist ihm bewusst, dass diese Themen ebenso zu seiner Biografie gehören wie die Frage nach der Fähigkeit, gehen oder sehen zu können. Ich bringe ihn schließlich doch dazu, zu erzählen.

Streicheleinheiten bekommt Nils von Therapeutinnen in Bellikon reichlich. Mit den einen ist er näher befreundet, zu anderen ist die Beziehung rein förmlich. So oder so tun ihm die physischen Zuwendungen gut. Aber er macht sich viele

Gedanken und erwartet, dass irgendwann sein Bedürfnis nach mehr Nähe kommen wird. Was ihn beschäftigt, ist die Frage, ob er seine Sexualität überhaupt je wieder wird leben können, und was ihm Sorgen bereitet, ist das Wissen um den sinkenden »Qualitätsanspruch«, der mit der steigenden Lust einhergeht. Je geiler du wirst, desto weniger kommt es dir darauf an, mit wem du zum Zug kommst, ist seine These. Irgendwann ist das Defizit so groß, dass du völlig unkritisch wirst und dir jede Frau gefällt. Erst wenn du diesen Mechanismus durchschaust, kannst du Gegensteuer geben und dich einigermaßen normal verhalten. Dabei hilft es Nils, dass er nichts sieht und daher auf optische Reize nicht anspricht. Umso sensibler reagiert er auf Stimmen. Schon bald wird er gewahr, dass er eine Schwäche für helle Stimmen hat.

Viel wichtiger als die Frage nach der lebbaren Intimität ist Nils aber seine berufliche Entwicklungsperspektive. Vorerst prognostizieren ihm Ärzte und Fachleute nur eines: Es gibt für Menschen mit so schweren Behinderungen praktisch keine Möglichkeiten, sich zu entfalten. Bitte mach dir keine Hoffnung und gib dich mit dem Minimum zufrieden. So wird Nils permanent mit seinen Defiziten konfrontiert. Er merkt, dass das gewaltig an seinem Selbstwertgefühl nagt und ihn eine akute Zukunftspanik packt. Wer mag schon täglich hören, was er alles nicht kann?

Das ist der Start zu einer Reihe von »multidimensionalen Strategien«. So nennt Nils Jent sein Vorgehen, das ihm in Zukunft mehr Türen öffnen wird, als er sich je zu träumen wagte. Aber vorerst muss er in Bellikon das Zepter selber in die Hand nehmen. Er beginnt, »von unten her zu führen«. Er erklärt das so: Ich arme Wurst manipuliere dich, Therapeut, so, dass wir tun, was ich will. Sein Problem: Die Kurve seines

Fortschritts flacht – wie bei jedem Lernprozess – langsam ab. Nach anfänglich großen Erfolgen kommt irgendwann der gefühlte Stillstand. Und diesen will Nils um jeden Preis verhindern.

Nils' Ehrgeiz macht sich aber auch andernorts bemerkbar. Er lässt sich nicht gerne diktieren, was er zu tun hat, sondern möchte selber entscheiden. Eine Ergotherapeutin korrigiert ihn etwa, weil er eine Socke »falsch« anzieht. Er jedoch hat gemerkt, dass es Stunden dauert, wenn er es auf die »richtige« Art versucht, denn seine linke Hand ist sowohl motorisch als auch sensorisch stark eingeschränkt, und mit der rechten allein spürt er das Kleidungsstück zu wenig, um es über den Fuß zu streifen. Also hilft er mit dem Mund nach. Er nimmt die Socke zwischen die Zähne und spürt mit den Lippen, an welchem Ende die Öffnung liegt. Daraufhin spreizt er die Socke zwischen beiden Daumen auf und bückt sich unter großer Anstrengung zu seinem Fuß. Ein Bewegungsablauf, der ihm höchste Konzentration abfordert und eine Menge Schweiß kostet.

Nils muss vieles anders machen als die anderen. Ständig geht er neue Wege. Das bedingt Denkmuster, die vor konventionellen Grenzen nicht haltmachen. Schräg denken, nennt er das. Wobei er vor Rückschlägen nicht gefeit ist. Das Training mit dem Blindenstock muss er nach intensiven Versuchsreihen aufgeben. Nils spürt, dass das nicht funktionieren kann, weil er kein normaler Blinder ist. Einer, der nichts sieht, dessen andere körperliche Funktionen aber in Ordnung sind, hält den Stock fest in der Hand und sucht sich tastenderweise seinen Weg. Wenn der Gleichgewichtssinn normal ausgebildet ist, kann er bald einmal mühelos geradeaus gehen. Nicht so Nils. Er hat zu wenig Kraft, um den verhältnismäßig schweren

Langstock zu greifen. Immer wieder fällt er ihm aus der Hand, worauf Nils strauchelt, hinfällt und sich nicht selten verletzt. Und wenn er es einmal schafft, ein paar Schritte zu gehen, driftet er nach links ab. Sein Körpergefühl ist zu wenig intakt, um die notwendige Koordinationsarbeit zu steuern. Auf einem großen Platz würde Nils vermutlich immer im Kreis gehen. Deshalb kann er auch nicht mit einem Blindenhund arbeiten. »Das arme Tier müsste mich ständig nach rechts ziehen, damit wir uns nicht im Kreis drehen«, lacht er.

Innerhalb von geschlossenen Räumen bewegt sich Nils Jent im Rollstuhl. Je besser er den Grundriss kennt, desto sicherer kann er sich orientieren. Dabei helfen ihm auch akustische Signale: Eine Wand reflektiert Geräusche, während eine offene Tür anders »klingt«. Draußen ist selbständiges Rollen ausgeschlossen. Undenkbar, dass sich Nils unter offenem Himmel ohne Hilfe fortbewegen kann. Immer wieder muss er mit Therapeuten streiten, weil sie behaupten, dass der Umgang mit dem Langstock zur Grundausbildung von Blinden und Sehbehinderten gehört und man damit gute Erfahrungen gemacht habe. Dass Nils durch seinen Unfall weit schwerer versehrt ist, wird kaum berücksichtigt. Man versucht mit allen Mitteln, ihm die gängigen Therapieansätze überzustülpen. Und wenn ihm einmal die Motivation ausgeht, hört er Sprüche wie: Sie müssen nur wollen, Herr Jent. Das müssen Sie können, sonst sind Sie aufgeschmissen. Nach einigen Stürzen, bei welchen er mit dem Kopf auf dem Boden aufschlägt, hat er jedoch genug und entscheidet, sich künftig von Freunden am Arm führen zu lassen. Hilfe in Anspruch zu nehmen, ist immer noch besser, als sich unnötig Gefahren auszusetzen.

Lichtblicke gibt es während des zweijährigen Aufenthalts in Bellikon meist dann, wenn Nils die Klinik verlassen darf. Sei es für die Wochenendbesuche bei seinen Eltern, sei es für Ausflüge, die ihn den Therapiealltag vergessen lassen. Ein eindrückliches Erlebnis außerhalb der Spital- und Suva-Welten ist der Besuch eines Konzerts der Rockgruppe Queen im Zürcher Hallenstadion im Dezember 1980, ein halbes Jahr nach dem Unfall. Ein paar seiner Kollegen holen ihn ab und kümmern sich während des ganzen Abends fürsorglich um ihn. Nils genießt die Show. Die Musik ist die Sprache meiner Seele, soll er als Jugendlicher einmal gesagt haben. Dank seines intakten Gehörs muss er darauf nicht verzichten und wird in Begleitung immer wieder Konzerte besuchen. Sogar seine ehemalige Band erlebt er einmal live. Nils kann aber gerade ihren Auftritt nicht recht genießen. Zu sehr betrübt es ihn, dass er nicht mehr mitspielen kann.

Beim Gig der Queen bekommt Nils aber sogar ein kleines bisschen der Lightshow mit. Seine Augen funktionieren noch so weit, dass sie starke Lichtveränderungen und intensive Farben wahrnehmen. Wobei bis heute nicht restlos geklärt ist, wo der Defekt liegt, der Nils am Sehen hindert. Augenärzte behaupteten nach Tests, dass die Augen selber intakt seien, blockiert sei jedoch die Weiterleitung der Informationen ans Hirn. Eventuell sei das Sehzentrum im Hirn durch die lange Sauerstoffunterversorgung teilweise zerstört worden.

Noch mehr Ärger als der vergebliche Versuch, am Stock zu gehen, bereitet Nils ein Gespräch mit einem Berufsberater der Invalidenversicherung. Nach intensiven Tests schlägt dieser vor, eine Tätigkeit als Peddigrohrflechter oder Kaltschweißer anzustreben. An jene Beratung erinnert sich Nils heute noch mit einer Mischung aus Empörung und Ratlosigkeit. Ein lächerlicher Vorschlag: Wie sollte er handwerklich arbeiten, wenn gerade die Feinmotorik und die Sensorik seiner Hände nur äußerst bedingt funktionsfähig sind? Wie sollte er das psychisch aushalten, wenn er tagtäglich Bewegungen ausführen müsste, die seine Schwächen betonen, anstatt auf seinen Stärken aufzubauen? Seine Stärken sieht Nils damals weit mehr im intellektuellen Bereich. Da würde er auf eine positive Art herausgefordert und könnte sich entwickeln. Damit er später sein Leben mindestens teilweise selber finanzieren könnte.

Bei der Invalidenversicherung fragt man sich, wie es mit diesem Herrn Jent weitergehen soll. Und wieder folgen Tests und Abklärungen. Man kommt zum Schluss, dass der junge Mann noch mehr Therapien braucht. Man will herausfinden, ob er fähig ist, seinen Alltag zu bewältigen. Dazu schlägt man einen Aufenthalt in der Sozialrehabilitation für Blinde und Sehbehinderte in Basel vor, in die er im Februar 1983, fast drei Jahre nach seinem Motorradunfall, zu einer zweiwöchigen Probezeit eintritt. In gezieltem Training soll er dort lernen, zu putzen, zu kochen und den Haushalt in den Griff zu bekommen. Ein weiteres Ausbildungsmodul ist das Erlernen der Blindenschrift als Vorstufe zu einer kaufmännischen Ausbildung. Nils ist mäßig begeistert, zu lernen, wie man eine Badewanne putzt, einen Tisch abwischt oder Frühstück zubereitet. Er stellt sich auf den Standpunkt, dass seine Stärken woanders liegen und er mit Verrichtungen, die er sowieso nur unzulänglich und ineffizient ausführen kann, nicht seine Zeit verschwenden will. Wäre ja schön, wenn der Tisch nach dem Abwischen wenigstens sauber wäre. Aber genau diesen Standard schafft Nils nicht mit Bestimmtheit. Darum profitiert er heute von Institutionen wie Spitex oder Behindertentaxis, die ihn genau da unterstützen, wo er seine Schwächen hat.

In Gedanken ist Nils bereits einen Schritt weiter, spricht aber vorerst noch selten darüber. Erst als ihn ein behandelnder Arzt fragt, was er denn später werden wolle, rückt er mit der Sprache heraus: »Ich möchte zuerst die Mittelschule fertig machen«, sagt er. Daraufhin verwirft der Arzt die Hände und schüttelt entgeistert den Kopf: »Seien Sie doch realistisch, Herr Jent, das liegt doch in Ihrem Zustand überhaupt nicht drin. Wie wollen Sie das anstellen? Mit Kassetten? Das ist völlig unmöglich.« Der Berater von der Invalidenversicherung bläst ins gleiche Horn. Es habe tatsächlich schon Blinde gegeben, die die Matura gemacht hätten. Aber allein mit Kassetten? Ausgeschlossen!

Die Idee, sich den Schulstoff mit Audiokassetten anzueignen, ist Nils während der Braille-Kurse, die er besuchen musste, gekommen. Die Blindenschrift ist für ihn nach wie vor eine sehr große Herausforderung, bedingt sie doch, dass man zum Schreiben auf einer Tastatur mehrere Knöpfe gleichzeitig drücken muss. Ähnlich wie Akkorde auf einem Klavier. Genau das schafft er aber nicht. Zudem fehlt es ihm an Oberflächensensibilität und Feinmotorik in den Fingern. Darüber müsste er verfügen, um die wechselnden Kombinationen von Punkten als Buchstaben zu entziffern. Daher bleibt nur eine Möglichkeit übrig: den ganzen Schulstoff von jemandem auf Band sprechen zu lassen und auf akustischem Weg zu pauken. Nils' Mutter beginnt schon bald, diese unglaublich aufwendige Arbeit zu übernehmen.

Anfang der Achtzigerjahre sind Computer für den Heimgebrauch noch in weiter Ferne. Erst später wird Nils gemeinsam mit seinem Vater die Idee für eine Tastatur entwickeln, die er alleine mit dem Daumen und dem Zeigefinger der rechten Hand bedienen kann. Sie besteht aus neun Tasten, mit denen man kombiniert 256 verschiedene Zeichen tippen kann. Die Firma Braillex, die spezielle Schreibapparate für Blinde und

Sehbehinderte produziert, erklärt sich einverstanden, die Tastatur für Nils Jent zu konstruieren. Die Invalidenversicherung ermöglicht das Projekt durch die Kostenübernahme von 45 000 Franken.

Aber zurück zur Probezeit in der Sozialrehabilitation Basel. Nils ist frustriert, weil er unter lauter Blinden der Einzige ist, der mit zusätzlichen Behinderungen fertig werden muss. Trotzdem kommt er nicht darum herum, ein paar Ämtli zu übernehmen. So steht er auch mal morgens um fünf Uhr auf, um für seine Mitbewohner das Frühstück vorzubereiten. Für die meisten anderen Menschen bedeutete das: eine halbe Stunde früher aus dem Bett steigen, Kaffee kochen und Brote schmieren. Für Nils ist es eine herkulische Aufgabe, für die er Stunden benötigt. Aber er akzeptiert sie und arbeitet gleichzeitig am Ausbau seiner physischen Fähigkeiten.

So wird praktisch jede Aufgabe, die Nils gestellt wird, zur großen Herausforderung. Zudem finden die meisten Therapien im Felix Platter-Spital statt, einem Zentrum mit Schwerpunkt Geriatrie. Dort wiederum findet sich der zwanzigjährige Nils umgeben von lauter alten Menschen. Es sind zwar viele nette Leute darunter, aber er fühlt sich in ihrer Gesellschaft ebenso wenig zu Hause wie unter den Blinden. Trotz diesem Unwohlsein entscheidet Nils nach der Probezeit, dass die Sozialrehabilitation in Basel seine nächste Station sein wird.

# Verlobung

Zwischen der Probezeit und Nils' definitivem Eintritt in die Sozialrehabilitation Basel vergeht ein halbes Jahr. Diese Zeit nutzt Nils für weitere Therapien in der Rehaklinik in Valens, oberhalb von Bad Ragaz. Dort lernt er Eva kennen, eine Logopädin, die zudem Linguistik und Kunstgeschichte studiert. Bereits in den ersten Therapiestunden ist Nils überzeugt, Evas Stimme schon einmal gehört zu haben, kann sich aber nicht erinnern, wo. Nach längerem Nachdenken fällt ihm ein, dass er dieser jungen Frau auf der ETH-Terrasse, wo er sich während seines Juventus-Studiums ab und zu aufhielt, begegnet sein muss. Damals hat er sie nicht richtig wahrgenommen. Ihre Stimme hat sich jedoch in sein Unterbewusstsein eingebrannt.

Der Unterricht läuft gut, die Therapie passt. Nils geht gerne zu Eva, er macht Fortschritte und spricht immer deutlicher. Zwischen den beiden entwickelt sich eine Vertrautheit, die für den Patienten in der technischen Welt der Rehaklinik ein Lichtblick ist. Wie bereits im Spital Baden und in Bellikon findet Nils auch hier jemanden, der ihn moralisch unterstützt. Nils ist dankbar für diese Art von Begleitung, denn er fühlt sich in den Spitalwelten, so sehr er dort Hilfe für seine persönliche Entwicklung erhält, wie im falschen Film. Er ist der Patient und fühlt sich eingeengt wie in einem Gefängnis.

Eva und Nils kommen sich in der Therapie näher, und es entwickelt sich aus der beruflichen eine persönliche Beziehung. Eva macht bei der Klinikleitung ihren Einfluss geltend, damit Nils das Hauptgebäude verlassen und selbständig in einem externen Studio leben kann. Es befindet sich in einem Personalhaus und ist für Patienten konzipiert, die lernen müssen, wieder im Alltag Fuß zu fassen. Nils legt die rund dreihundert Meter Distanz manchmal mehrmals pro Tag zurück. Dazu muss er seine Angst vor Stürzen überwinden und höllisch aufpassen, dass er nicht vom Weg abkommt. Sobald er die Orientierung verliert, ist er völlig aufgeschmissen.

Eva und Nils erleben schöne Monate in den Bergen, sie machen Ausflüge, atmen die Energie der Taminaschlucht ein, diskutieren über Architektur, lesen Bücher. Eva fordert Nils intellektuell und löst bei ihm höchste Glücksgefühle aus. Umgekehrt verlangt sie aber auch einiges von ihm. Als die überzeugte Vegetarierin sich von ihm wünscht, dass er in Zukunft konsequent auf Fleisch verzichtet, willigt er gerne ein. Gemeinsam schmieden sie Zukunftspläne und überlegen sich, nach Amerika überzusiedeln, damit Nils in Berkeley, Kalifornien, die Matura machen kann. Dort sollen die Bedingungen für Behinderte besser sein als in der Schweiz. Die Vorstellung vom Umsiedeln in die USA ist umso reizvoller, als sich beide für Architektur interessieren. Eva schwärmt speziell für die exklusiven Bauten von Frank Lloyd Wright. Nils versucht, sie sich bildlich vorzustellen.

Der erste Besuch von Eva bei Nils' Eltern löst bei Hélène und Cuno Jent gemischte Gefühle aus, da sie ihren Sohn als verschlossen und fremd empfinden, wo er doch eigentlich glücklich sein sollte. Sie machen sich Sorgen, denn er wirkt abgespannt und traurig. Zudem leidet er unter einem hartnäckigen Husten. Die Eltern fragen sich, woran es liegt. Ist Nils übermüdet? Hat er psychische Probleme? Leidet er unter Stress? Ist er krank? In ihr Tagebuch notiert Hélène Jent ihre

Gedanken über Eva. Man fühle sich wohl in ihrer Gegenwart, sie sei eine Person, die viel bieten könne dank ihrer Aufgeschlossenheit und Vielseitigkeit. Einzig das Versprechen, dass Nils ab sofort vegetarisch essen solle, befremdet sie. So etwas sollte sich im Laufe einer Beziehung einpendeln. Gleich zu Beginn eine solch rigide Forderung zu stellen, sei nicht der richtige Weg in einer Partnerschaft. Aber vielleicht handelt es sich hier auch nur um eine Bagatelle, die den Grundeindruck ein wenig trübt. Trotz der anfänglichen Skepsis der Eltern überlebt die Beziehung die ersten turbulenten Wochen, und Eva gehört schon bald zur Familie. Hélène, die außer Nils keine Kinder hat, hätte sich genau so eine Tochter gewünscht. Sie hofft, dass Nils und Eva zukünftig ein gutes Team bilden.

Die Abläufe in Valens unterscheiden sich nicht wesentlich von jenen in Bellikon. Der Stundenplan ist voll von Therapieterminen, im Schwimmbad, in der Ergoküche, im Gymnastikraum. Nils erlebt die Ärzte, Therapeutinnen und Therapeuten wiederum als unterschiedlich kompetent für seine Art von Behinderung. Viele der Schubladenlösungen, die aus Erfahrung bei den meisten Patienten funktionieren, scheitern bei ihm. Seine Problemstellungen sind durch die Kombination von Seh- und Bewegungsbehinderungen ungewöhnlich. Zudem gibt es auch in Valens Menschen, die einen Patienten, der sich nur schwer mündlich ausdrücken kann, als geistig zurückgeblieben einstufen und entsprechend mit ihm umgehen.

In dieser Zeit begleiten Cuno und Hélène Jent ihren Sohn immer wieder zu Besuchen an Schulen, die Nils eventuell aufnehmen würden. Die Blindenschule Moorstein erweist sich nach zwei Testtagen als ungeeignet. Wegen des antiautoritären Unterrichtsstils geht es in den Klassen ziemlich laut und ungeordnet zu und her. Nils befürchtet, dass er hier nicht die nötige Ruhe finden würde, um sich aufs Lernen zu konzentrieren. Ausschlaggebend für seinen negativen Entscheid ist aber das schulische Niveau. Er fühlt sich total unterfordert vom Stoff und kann sich nicht vorstellen, wo er profitieren könnte. Hélène Jent ist ernüchtert und überlegt bereits, die erneute Einschulung ihres Sohnes nicht weiter zu verfolgen. Vielleicht wäre es besser, die Sache mit der Ausbildung selber an die Hand zu nehmen? Wenn man einen Studenten fände, der mit Nils Physik und Mathe repetiert? Dazu eventuell eine Sprachstudentin? Jents sagen Moorstein aber nicht sofort ab, sondern warten, was die Schule meint.

Im Gegensatz zu Nils' Selbsteinschätzung moniert der Schulleiter der Blindenschule Moorstein in seinem Bericht zuhanden der Invalidenversicherung, Nils Jent habe deutliche Wissenslücken. Sein Urteil stützt der Schulleiter auf die Kommentare von einzelnen Lehrerinnen und Lehrern, obwohl sich niemand die Mühe genommen hat, persönlich mit Nils zu sprechen, geschweige denn, ihn zu testen. Klar, hat Nils in den drei Jahren seit seinem Unfall andere Sorgen gehabt, als den verpassten Schulstoff aus dem Gymnasium nachzuholen. Aber man gibt ihm nicht einmal die Chance, seine Fähigkeiten zu beweisen, und verbaut ihm durch den Bericht an die IV die Möglichkeit, sich schulisch weiterzuentwickeln.

Nils stellt im externen Studio der Valenser Klinik bald fest, dass das selbständige Leben seine Tücken hat. So ist das Drehen des Schlüssels im Schloss der Eingangstür etwas, was nur wenige als Hindernis empfinden würden. Nils hingegen kämpft täglich mit solchen Handgriffen, die feinmotorische Fähigkeiten voraussetzen. Aber auch alltägliche Verrichtungen fordern ihn heraus: duschen, sich anziehen, das Bett richten. Er muss bei allem, was er tut, zu hundert Prozent bei der Sache sein, denn es gibt kein Sicherheitsnetz. Er weiß: Es ist jetzt niemand mehr da, der dir hilft, wenn du hinfällst, niemand, der aufräumt, wenn eine Flasche zu Boden fällt und es Scherben gibt, keiner, der sofort zur Stelle ist und dir den Finger verbindet, wenn du dich beim Brotschneiden verletzt. Nils fordert sich selber bis zum Letzten und lernt, sich zurechtzufinden und seine tägliche Routine immer wieder neu zu entwickeln. Zudem wird ihm bewusst, worin von jetzt an die größte Herausforderung seines Lebens bestehen wird: Er darf sich keine Fehler erlauben.

Nils nutzt die Zeit in der alpinen Klinik, um sich weiterzubilden. Er hört sich griechische Sagen an, lernt mithilfe seiner Mutter englische Grammatik und Römisches Recht. Die Gedanken um seine Zukunft beschäftigen ihn. Moorstein wird nicht seine Schule werden, das ist klar. Da gibt es zu viele kleine Kinder und zu wenig intellektuelle Herausforderungen, abgesehen vom desaströsen Bericht der Schulleitung. Er ist ungeduldig und möchte seinen weiteren Weg vorgezeichnet sehen. Aber es geht nur langsam vorwärts, obwohl ihm einige Leute bei der Entscheidungsfindung helfen: ein Blindenfachmann der Invalidenversicherung, der Nils über Jahre tatkräftig unterstützt und an ihn glaubt, die Maturakommission in Bern, die Basler Ärzte und natürlich Nils selber, seine Eltern und seine Freundin Eva. Die Lösung muss maßgeschneidert sein und verlangt von den Beteiligten einen Sondereffort.

Die Beziehung zu Eva ist indes nicht sehr stabil. Es läuft mal so, mal so. Nils und seine Eltern stellen fest, dass die junge Frau Gefühlsschwankungen unterworfen ist, die das Leben an ihrer Seite erschweren. Sie ist mal himmelhoch jauchzend, mal zu Tode betrübt. Mal möchte sie ein Kind von Nils, und dann begegnet sie ihm wieder völlig ablehnend. Sie zeigt die typischen Verhaltensmuster eines manisch-depressiven Menschen. In ihrer Freizeit ist Eva oft bei Freunden auf einem Bauernhof in den Bergen. Als Nils sie dort für einige Tage besucht, erlebt er einmal mehr, wie sich das auswirkt, wenn jemand in seiner Stimmung immer mal wieder um 180 Grad kehrtmacht. Seine Freundin, die ihn eben noch am Telefon gebeten hat, sie zu besuchen, empfängt ihn voller Kälte und Ablehnung.

Nils bereut schon bald, zu Eva gereist zu sein. Dass er in seiner Situation nicht die Möglichkeit hat zu fliehen, wird ihm schmerzhaft bewusst. Er gerät an den Rand seiner Kräfte und stellt sich schon vor, wie schön es wäre, wenn dieser ganze Horror einfach vorbei wäre. Es sind nicht aktive Suizidgedanken, die ihm durch den Kopf gehen. Dafür ist er zu realistisch und zu dankbar für alles, was er trotz seines Schicksalsschlags erleben durfte. Einfach ein Leben wegschmeißen und alle Energie vernichten, die man reingesteckt hat, das tun nur Idioten. Nachdem er zu dieser Überzeugung gelangt ist, zieht Nils vor Ablauf der abgemachten Besuchszeit eine andere, viel vernünftigere Notbremse. Er ruft seine Mutter an und bittet sie, ihn abzuholen.

Auf meine Frage, ob er sich ein Kind mit Eva gewünscht habe, hat Nils eine klare Antwort. Er sei damals noch nicht so weit gewesen. Obwohl er seit dem Unfall bereits einen langen Weg zurückgelegt habe, habe der Kinderwunsch nicht im Zentrum gestanden. Er hatte ja weder Ausbildung noch Auskommen und musste sich Gedanken über seinen beruflichen Werdegang machen. Später war es ihm wichtig, zu wissen, dass er fähig war, Kinder zu zeugen. Aber das wusste er zum Zeitpunkt der Freundschaft mit Eva noch nicht.

Nachdem Nils aus den Bergen geflohen ist, versöhnt er sich wieder mit Eva. Aber es gibt neue Krisen, immer gefolgt von versöhnlichen Phasen. Trotz Ups und Downs in ihrer Beziehung wollen sich Eva und Nils verloben. Anfang Januar 1984 eröffnen sie Nils' Eltern, dass die Feier am Freitag, dem 13. April, um 13.13 Uhr stattfinden soll. Cuno und Hélène sind ein bisschen überrascht und spüren tief in sich drin Angst vor diesem Schritt. Angst vor der Enttäuschung, wenn es dann auf die Länge doch nicht klappt. Es wäre zu schön, wenn der schwer geprüfte Sohn jemanden fände, der zu ihm steht und mit dem er ein glückliches Leben führen kann. Sie hoffen, dass Eva der schweren Aufgabe gewachsen ist. Sie wollen und können es nicht recht glauben, dass das Glück Nils und ihnen plötzlich so gut gesinnt ist.

Die Zeit wird der Skepsis der Eltern recht geben. Immer öfter trägt Hélène Jent in ihr Tagebuch Gedanken um die zukünftige Schwiegertochter ein. Sie weiß nicht so recht, wie sie die junge Frau fassen und einschätzen soll, denn sie ist sprunghaft und unberechenbar. Was für ein Spiel spielt sie mit Nils? Will sie ihre eigenen Eltern, zu denen sie offenbar ein gespaltenes Verhältnis hat, provozieren? Nur nebenbei sei erwähnt, dass Eva, wenn sie gerade bei ihren Eltern wohnt, nicht einmal deren Telefon benutzen darf. Mindestens behauptet sie das. Braucht sie Nils als Katalysator, um sich aus der Enge ihrer Familie zu befreien? Oder als Kuriosität, um in der Gesellschaft stärker aufzufallen? Tankt sie bei Nils die Energie, die ihr fehlt? Die Beziehung wird zum Kraftakt, der vor allem auf Nils' Kosten geht. Die Folgen sind nicht zu übersehen: Er zeigt Erschöpfungserscheinungen, ist öfter krank und macht Rückschritte in der sprachlichen Artikulation.

Trotz privater Probleme versucht Nils, einen klaren Kopf zu behalten und seine Ausbildung vorzuspuren. Nach eingehenden Abklärungen steht fest, dass für die Vorbereitung auf die

Matura noch vier Möglichkeiten offenstehen: die Internate von Immensee, Oberägeri, Appenzell und Schiers. An einem grauen, regnerischen Tag macht sich Nils zusammen mit seiner Mutter und dem Berater von der Invalidenversicherung auf den Weg zum Internat Immensee am Zugersee. Die Wetterlage drückt direkt auf die Moral der Besucher, zumal sie merken, dass sie nicht sehr willkommen sind. Bei der kurzen Besichtigung kümmert sich kaum jemand um sie, es scheint, als habe man sie nicht erwartet. Das Gymnasium Immensee hat zwar eine interne Abteilung, deren Zimmer sind aber so klein, dass man sich darin kaum bewegen kann. Für einen blinden, körperbehinderten jungen Mann gibt es zu wenig Bewegungsspielraum. Enttäuscht reisen sie wieder ab. Aus Oberägeri wiederum kommt kurz nach Jents Besuch eine Absage mit der Begründung, man könne den anderen Schülern – und deren Eltern – einen behinderten Kollegen wie Nils nicht zumuten.

In Appenzell reagiert man ähnlich. Den zusätzlichen Aufwand, den ein Mitschüler wie Nils verursachen würde, scheuen die Verantwortlichen auch da. Ob die betroffenen Schüler überhaupt gefragt worden sind? Die Überlegung, dass Nils Jent eine Chance für eine Klasse oder gar eine ganze Schule sein könnte, hat niemand angestellt. Jahre später wird Dr. Nils Jent an der Universität St. Gallen genau dieses Feld erforschen und belegen, dass sich durch die Integration von Menschen mit Behinderung die Perspektiven von Arbeitsteams erweitern lassen. Dadurch können in günstigen Konstellationen Arbeitsleistung, Qualität, Output und dadurch der wirtschaftliche Erfolg gesteigert werden. Der Einsatz einer behinderten Person in einem Team wäre folglich weit mehr als ein soziales Engagement zugunsten eines Benachteiligten. Auch in Schulen ist man heute zu ähnlichen Erkenntnissen gelangt. Ein behinderter Schüler kann in einer Integrationsklasse durch seine spezifischen Inputs den Mehraufwand, den er verursacht, bei weitem kompensieren. Aber so weit sind die Gymnasien, die Nils 1984 und 1985 abklappert, noch nicht.

An der Evangelischen Mittelschule in Schiers scheint sich die Situation, die die Jents an anderen Schulen angetroffen haben, zu wiederholen. Denn auch hier ist niemand auf den Besuch von Nils, der mit seiner Mutter zur Besichtigung kommt, vorbereitet. Der einzige Unterschied: Der Rektor der Prättigauer Schule hat das Treffen bewusst so eingefädelt und weder die Kollegen von der Schulleitung noch die Schüler informiert. Denn nur so, denkt er sich, kann er unter möglichst realistischen Bedingungen beobachten, was passiert, wenn ein schwer behinderter junger Mann und möglicher neuer Mitschüler unter ihnen ist. Hätte er allen gesagt, was ihnen bevorsteht, hätten wohl die meisten ihr Sonntagsgesicht gezeigt — oder den Neuen vorzeitig abgelehnt. Das Experiment wäre total verfälscht worden.

Die Schierser Lehrer und Schüler empfangen Nils Jent nicht mit offenen Armen. Das Gegenteil ist der Fall. Hélène und ihr Sohn setzen sich in der Mensa an einen Tisch, aber niemand spricht mit ihnen. Eine Welle von Kälte und Ablehnung schlägt ihnen entgegen. Der Französischlehrer sagt Nils geradeheraus, er habe keine Ahnung, wie er mit ihm arbeiten solle. Dasselbe beim Chemielehrer. Der Mathematiklehrer hat sogar noch einen flotten Spruch bereit: Hilf dir selbst, so hilft dir Gott. Auweia, denkt sich Nils, das könnte happig werden!

Sie schauen sich auch die Zimmer im Internat an. Das Zimmer, in welchem Nils untergebracht werden könnte, liegt über den Turnhallengarderoben. Einen Lift gibt es nicht. Aber Nils ist inzwischen kräftig und geschickt genug, um Treppen zu steigen. Diese Art von Bewegung tut ihm sogar gut. Im Zimmer angekommen, erschrecken die Besucher über das hier herrschende Chaos. Der Schüler, der das Zimmer hätte räumen sollen, hatte offenbar anderes zu tun.

Nils schlägt seiner Mutter vor abzureisen. Vergessen wirs, das wird nichts. Schon die fünfte Enttäuschung, es reicht langsam. Aber Hélène beurteilt die Situation, weiß Gott warum, anders, positiver. Vielleicht hat sie einen sechsten Sinn und spürt, dass es in Schiers funktionieren könnte. Sie schlägt Nils vor, es hier zu versuchen. Er jedoch erwägt, lieber ein Fernstudium bei der Akad anzufangen.

Doch ich greife vor. Nach dem definitiven Eintritt in die Sozialrehabilitation Basel, wo Nils Kurse besucht und weitere Therapien angeboten bekommt, macht der junge Mann weitere Schritte in Richtung Selbständigkeit. Das Tempo, das er dabei vorlegt, verblüfft sowohl seine Eltern als auch die meisten Betreuer. Schon bald plant er, in eine Wohngemeinschaft mit Studenten einzuziehen. Er erhofft sich, von ihnen zu profitieren, indem sie ihm im Turnus Nachhilfestunden geben.

Im Januar 1985 zieht Nils dann tatsächlich in eine WG am Petersplatz 11 in Basel ein. Seine Mitbewohner sind Studenten von der Universität. Allesamt nicht behindert. In dieser Zeit bereitet sich Nils auf den Wiedereintritt ins Gymnasium vor. Im Zentrum steht die Wiederaufbereitung des Schulstoffs, den er in den vier Jahren nach seinem Unfall vernachlässigen musste. Er macht an der Universität einen Aushang und hofft, zusätzliche Studenten oder Studentinnen zu finden, die ihn dabei unterstützen. Tatsächlich findet er für jedes Fach jemanden. Eine Biologiestudentin, die sich meldet, entpuppt sich sogar als ehemalige Kollegin aus der Bezirksschule Brugg, die er auf diese Weise wieder trifft.

Nils Jents anfängliche Euphorie über die neu gewonnene Freiheit in der WG und die greifbaren Zukunftsperspektiven weicht bald einem schalen Gefühl von Abnutzung und Leerlauf. Die meisten Nachhilfestunden sind wenig ergiebig. Das Weitergeben von Wissen will gelernt sein, ein guter Student ist nicht zwangsläufig auch ein guter Lehrer. Aber Nils weiß auch, dass er kein einfacher Schüler ist. Seine Geduld mit sich und seiner Umgebung ist begrenzt. Einerseits geht ihm alles nicht schnell genug, anderseits will er sich nicht eingestehen, dass er selber Limiten hat. Zudem wird Nils in der WG immer mehr als Belastung denn als Bereicherung angesehen. Der Goodwill hält nicht lange an, das Zusammenleben am Petersplatz funktioniert nicht so gut wie erhofft. Dann aber tut sich ein Fenster auf: Schiers meldet, dass Nils, falls er wolle, bei ihnen eintreten könne.

Auf der privaten Seite hingegen gibt es wenig Grund für Optimismus. Nils' Liaison mit Eva zeigt tiefe Risse. Die Spannungen zwischen den beiden wachsen. Anstatt Energie zu erzeugen, beansprucht das Zusammensein Kräfte, die man anderswo besser brauchen könnte. Nils sieht schwarz und spricht seiner Mutter gegenüber aus, was schon länger in der Luft liegt: dass er lieber die Konsequenzen ziehen wolle, statt stumpf vor sich hin zu vegetieren. Im Klartext: Er schließt einen Suizid nicht mehr aus, denn seine Energie ist total aufgebraucht. Hélène Jent fährt es durch Mark und Bein. Schon länger hat sie dieses Damoklesschwert über der Familie hängen sehen. Die Perspektive, nach den geliebten Eltern auch noch den Sohn zu verlieren, macht ihr große Angst. Sie ist der festen Überzeugung, dass der Mensch nicht das Recht hat, über sich selbst zu richten. Unendlich traurig glaubt sie trotz allem daran, dass Hoffnung besteht. Dass Nils irgendwann, irgendwo und mit irgendwem Sinn, Ruhe, Liebe, Erfüllung und Glück finden wird.

Die Verlobung zwischen Eva und Nils wird im November 1985, eineinhalb Jahre nachdem sie geschlossen worden ist, aufgelöst. Die Beziehung ist zu Ende und mit ihr ein Kapitel voller Hoffnung und Zuversicht, aber auch voller Belastungen und Wechselbäder. Alles in allem ist der Bruch mit Eva eine Erlösung. Nils findet seinen Lebenswillen wieder und tritt am 3. Februar 1986, knapp 24-jährig, ins Internat in Schiers ein, mit dem erklärten Ziel, hier sein Gymnasium abzuschließen und seine Matura zu machen.

# Kassetten

Nach längeren Abklärungen mit Fachleuten der Invalidenversicherung und der Schulleitung in Schiers scheinen die Rahmenbedingungen für einen Eintritt allen Beteiligten klar. Am Tag seiner Ankunft merken Nils und seine Mutter aber, dass sie sich getäuscht haben: Gar nichts ist klar. Kaum jemand ist darüber informiert, dass da ein Neuer kommt. Und jene, die es wissen, staunen, dass der junge Mann körperbehindert und blind ist. Lehrer und Schüler, mit denen Nils und seine Mutter sprechen, sind abweisend oder winken ab. In der ersten Mathematikstunde, zu der Hélène Jent ihren Sohn begleitet, gibt man ihnen zu verstehen, man könne kein Extrazüglein für Nils fahren. Er müsse selber schauen, dass er mitkomme im Unterricht.

Im Fach Chemie aber hat Nils in Basel ein Stück Vorarbeit geleistet, das ihm jetzt nützlich ist. Er hat Nachhilfestunden bei einer Doktorin der Chemie besucht, die ihm das Fach auf eine Art vermittelte, dass Nils zum ersten Mal in seinem Leben die Zusammenhänge zwischen Formeln und Bildern verstand. Mehr noch: Die Muster von organischen Verbindungen, Ketten oder Ringen wurden zu einem festen Bestandteil seiner Gedankenwelt. Plötzlich war Chemie kein Buch mit sieben Siegeln mehr, sondern ein spannendes Fach, das er bewältigen konnte, wenn er wollte. So kommt es, dass Nils bei seinem ersten Besuch in Schiers die Testfragen im Chemieunterricht als Einziger der Klasse beantworten kann. Der Lehrer schüttelt den Kopf und fragt sich, wie das möglich ist. Warum weiß er das? Nach einiger Zeit stürmt er aus dem Schulzimmer und eröffnet Nils' Mutter freudig: Er kanns, er kanns!

Nils wird vorerst für eine Probezeit in Schiers aufgenommen und muss noch eine Reihe von Prüfungen absolvieren. Für ihn ist das ein Signal, noch härter zu arbeiten als bisher. Diese einmalige Chance will er nutzen, und er pickelt dafür wie besessen. Im Rückblick bekennt er, nie in seinem Leben mehr gearbeitet zu haben als in jener Zeit in Schiers. Die Belohnung ist schließlich das Angebot, direkt in die sechste Klasse einzusteigen. Aber Nils bleibt auf dem Boden: Er entscheidet sich für die fünfte, weil ihm die Lehrer da kooperativer vorkommen.

In der Mensa lernt Nils Claudia, Karin, Simone, Laimé und Katrin kennen. Und Andrea, die ebenfalls blind ist. Es sind nette Mädchen, die weniger gehemmt sind als ihre männlichen Kollegen. Aber auch sie sehen anfänglich keinen Grund, kooperativ zu sein. Weder hat man sie darüber informiert, wer Nils ist und was man mit ihm vorhat, noch hat man ihnen gesagt, welche Anforderungen seine Präsenz an die anderen Schülerinnen und Schüler stellt. Einziger Lichtblick ist der Rektor, der als erster Schulleiter in dieser Situation nicht abblockt, sondern offen ist für kreative und maßgeschneiderte Lösungen. Allerdings überträgt er Mutter und Sohn einen großen Teil der Verantwortung. Er verzichtet darauf, sich um jedes Problem zu kümmern, das sich Nils wegen seiner Behinderungen stellt, und überlässt es der Mutter und ihrem Sohn, sich ihren Weg durch den Schulalltag zu bahnen.

Die bauliche Situation in den Gebäuden der Schule ist für Nils ungünstig: Die Außentreppe hat kein Geländer. Im Treppenhaus ist der Handlauf links, wogegen Nils sich mit der rechten Hand festhalten sollte, denn nur da hat er die entsprechende Kraft. Sein Zimmer liegt vier Treppenläufe über der Turnhalle. Es ist zwar geräumig, aber er muss es mit einem Kollegen teilen. Die Organisation von Nils' Alltag ist sehr anspruchsvoll. Man einigt sich nach anfänglichen Berührungsängsten darauf, dass sich pro Woche ein Schüler eingehender um Nils kümmert. Das klappt am Anfang recht gut, verliert sich aber schnell wieder. Die Kolleginnen und Kollegen nehmen es mit der Solidarität nicht immer ernst. Einige sind nur sporadisch für Nils da, andere melden sich überhaupt nicht bei ihm, obwohl sie an der Reihe wären. Dann, an einem Samstag, ein Affront sondergleichen – der Physiklehrer spricht aus, was viele nur zu denken wagen: Diese Schule fahre keinen Sonderzug für Nils und seine blinde Kollegin Andrea. Dagegen hätten ein paar aufmunternde Worte Wunder wirken können.

Nils resigniert aber nicht, sondern fährt volle Kraft voraus. Er kniet sich in seine Arbeit hinein. Seine Arbeitsweise ist exotisch und aufwendig zugleich, paukt er doch den gesamten Stoff mithilfe von Audiokassetten. Diese Methode hat er bereits in Basel entwickelt und trainiert. Er hat alles, was ihm jemand aufgesprochen hat, abgehört und zu memorieren versucht. Da er aber nichts aufschreiben kann, hat er keine Möglichkeit, später auf Notizen oder Zusammenfassungen zurückzugreifen. Darum verbessert er die Kassettenlernmethode und schafft sich ein zweites Gerät mit Mikrofon an. Jetzt kann er auf dem einen eine Lektion abhören und parallel dazu mit dem anderen akustische Notizen aufnehmen. In einer späteren Lernphase muss er nur noch die zweite, wesentlich kürzere Kassette abhören, womit er enorm Zeit spart.

Nils' Zimmer ähnelt immer mehr einem professionellen Aufnahmestudio. In der Mitte der Arbeitsfläche steht ein großes Mischpult, rundherum mehrere Kassettengeräte, die er alle über das Hauptpult ansteuert, dazu Mikrofone und überall, an den Wänden, in den Schränken und Schubladen: Audiokassetten. Bis zum Ende der Schulzeit werden es mehr als 2300 sein. Es ist für Nils von höchster Priorität, die Übersicht zu behalten. Das schafft er, indem er die Ablagen nach Fächern ordnet. Die Kassetten sind mit Nummern in Brailleschrift angeschrieben. Denn so viel kann Nils in Blindenschrift entziffern. Nummer 5 ist »Französisch«, Nummer 6 ist »Physik«. Die Riesenarbeit, den Schulstoff auf Bänder zu sprechen, übernimmt, mit wenigen Ausnahmen, Hélène Jent. Unzählige Stunden, ganze Tage und Nächte verbringt sie vor dem Mikrofon. Nur dank ihrem unablässigen Einsatz hat Nils Zugang zu den Informationen, die er für die Bewältigung der schulischen Anforderungen benötigt.

Der Knackpunkt für Nils ist, das Gehörte in seinem Kopf zu speichern. Auch da legt er sich eine präzise Strategie zurecht. Er nimmt sich vor, jede Kassette höchstens dreimal anzuhören, dann muss der Stoff sitzen. Nachträglich etwas nachschlagen, so wie die Sehenden es ohne großen Aufwand in Büchern tun – heute noch einfacher im Internet –, das ist für den Blinden keine Option. Er weiß: Halbwissen ist für ihn tödlich. Er erlaubt sich keine Grauzonen und konzentriert sich so auf seine Arbeit, dass daneben nichts anderes Platz hat. Die Erfahrungen des Schachspielens in Bellikon kommen ihm zugute. Und die Strategien, die er gegen seine physische Wehrlosigkeit entwickelt hat, als er im Spital lag. Er schafft es immer noch, mental einen Punkt zu fixieren und jede Fliege wegzudenken, die ihn ablenken könnte.

Hélène Jent betreibt, um den Schulstoff auf Tonträger zu sprechen, einen immensen Aufwand. Man muss sich die gängige Infrastruktur zu jener Zeit in Erinnerung rufen: Die modernen Kommunikationsmittel von heute sind noch in weiter Ferne. Es gibt zwar erste Computer. Aber »mail« ist damals noch nichts anderes als die englische Übersetzung für Briefpost. Hélène Jent muss also jede Kassettenlieferung einpacken, adressieren, frankieren und zur Post bringen – oder persönlich in Schiers abliefern. Das wiederum bedeutet zweieinhalb Stunden Fahrt ins Prättigau, von wo sie mit neuen Lehrmitteln, die es aufzubereiten gilt, wieder nach Hause fährt.

Zusätzliche Hilfe bekommt Nils von der Schweizerischen Blindenhörbücherei in Zürich, bei der gewisse Stoffe bereits »aufgelesen« vorliegen. Unterstützt wird er auch von Mitschülern und Lehrern. Da Nils in einigen Fächern einen so klaren Vorsprung hat, gibt er seinen Kolleginnen und Kollegen im Gegenzug Nachhilfeunterricht. Die Lehrer geben ihren Widerstand angesichts des Musterschülers bald auf und bieten ebenfalls ihre Hilfe an. So entsteht in Nils' Klasse ein Klima des Wissensdurstes und der Kooperation. Im Rückblick spricht Nils sogar von einer richtigen Streberklasse, in welcher man sich gegenseitig anspornte und zu Höchstleistungen motivierte. Der konstruktive Wettbewerb sei ein frühes Modell von Diversity, stellt er heute fest. Nils fühlt sich wohl, er ist eingebettet in ein Team. Man wächst zusammen und geht gemeinsam einen Weg. Und was ihn am meisten beflügelt: Er weiß, dass er der Auslöser dieses Gemeinschaftsgefühls ist.

An einem wunderschönen sonnigen Herbsttag im Jahre 2010 fahre ich mit Nils Jent nach Schiers, um dort seine ehemalige Schule zu besuchen. Begleitet werden wir von einem Team, das einen Film über Nils dreht. Die drei jungen Männer dokumentieren Nils' Leben schon seit Monaten. Sie filmen ihn bei seiner Arbeit, in seiner Wohnung und auf Reisen und wollen aufzeigen, wie er seinen Alltag meistert. Nils scheint die zusätzliche Inanspruchnahme durch die Kamera nicht sonderlich zu stören.

Traugott Reiber, Nils' ehemaliger Deutschlehrer, ein freundlicher Mann mit weißem Bärtchen, achtzig Jahre alt, empfängt uns mit einer Mappe unter dem Arm. Er ist längst pensioniert, hat aber immer noch einen Schlüssel zu Türen und Liften der Schule. »Bis zu meinem Lebensende«, sagt er nicht ohne Stolz. Wir betreten das Schulhaus und gehen direkt ins Lehrerzimmer. Reiber holt aus seiner Tasche eine Aktenmappe und eine Kassette hervor. Auf einem alten Tonbandgerät spielt er uns einen Vortrag ab, den der damals 25-jährige Nils während seiner Schulzeit in Schiers vor der Klasse gehalten hat. Wir hören die Stimme eines jungen Mannes, der langsam spricht und jede einzelne Silbe, zwar hörbar mit Mühe, dennoch sauber artikuliert. So deutlich habe ich Nils, seit ich ihn kenne, nie reden gehört.

Der Vortrag ist ein Porträt Woyzecks, der berühmten Figur von Georg Büchner. Woyzeck ist noch heute, mehr als hundert Jahre nach seiner Entstehung, aktuell. Ein sensibler, pflichtbewusster, sich aufopfernder Mann, der von der Gesellschaft als Nichtsnutz degradiert wird – das gibt es auch heute. Verblüffend allerdings sind die Parallelen zwischen Woyzeck und Jent. Die Situation, von der Gesellschaft ausgestoßen und nicht für voll genommen zu werden, kennt Nils seit seinem Unfall. Immer wieder musste er um Anerkennung und Respekt kämpfen und beweisen, dass er nicht das Tubeli ist, für das ihn manche halten. Hat er das Thema selber gewählt, oder hat Reiber den Woyzeck bewusst für Nils ausgesucht? Reiber winkt ab. Man habe damals mit der Klasse den Woyzeck gelesen. Normaler Schulstoff. Reiner Zufall!

Nils sagt, er habe sich schon viel früher, noch in der Reha in

Bellikon, Gedanken zum Verhältnis zwischen dem Individuum und der Gesellschaft gemacht. Zudem habe ihn das Phänomen der kollektiven Macht schon als Jugendlichen – unbewusst – beschäftigt, als er zwar zu einer Gruppe gehören wollte, aber trotzdem sehr skeptisch gegenüber dem Druck des Kollektivs geblieben sei.

Traugott Reiber erinnert sich auch noch an seine erste Begegnung mit dem Schüler Nils Jent: »Als er das erste Mal in die Klasse kam, wusste ich nur ungefähr, was auf mich zukam. Es hieß, da komme dann einer. Und es stellte sich heraus, dass er trotz seiner massiven Einschränkungen ein äußerst aufgestellter, positiver Mensch war. Eine Frohnatur. Sehr aufnahmefähig und geistig flexibel. Aber auch ein kritischer Denker, der viele Fragen stellte.« Reiber habe seinen Schülern immer gesagt, sie sollten nichts glauben, schon gar nicht blind übernehmen, was gedruckt sei, sondern sich immer eine eigene Meinung bilden. Nils Jent sei im Schulhaus eine außergewöhnliche Figur gewesen. So sei er auch der einzige Schüler, mit dem er, Reiber, heute noch Kontakt pflege. Wenn er ihn heute treffe, stelle er fest: Der Nils von heute ist immer noch gleich wie der Nils von damals.

Die Wohnsituation im Schierser Gymnasium verbessert sich bald nach Nils' Eintritt zu seinen Gunsten. Sein Zimmerkollege zieht aus, was für ihn wesentlich mehr Freiheit bedeutet. Nils kann jetzt ungestört rund um die Uhr lernen. Und das tut er. Manchmal kommt Pitch vorbei, der eigentlich Herr Pitschen heißt und Hausvorstand des Gebäudes ist. Wenn er auf seinen Rundgängen in der Nähe von Nils' Zimmer leise Tonbandstimmen hört, geht er hinein, setzt sich aufs Bett und hält mit Nils einen Mitternachtsschwatz über Gott und die Welt. An den Wochenenden bleibt Nils meist in Schiers. Nur selten fährt er zu seinen Eltern nach Hause oder in ihre Ferienwohnung nach Flims. Durch seine Omnipräsenz in den Schul- und Wohnräumen entwickelt er ein vertrautes Verhältnis zu seinen Kollegen, speziell zu den Stockchefs, die für die Einhaltung der Hausregeln verantwortlich sind. Man ist in gewissen Punkten flexibel, bei Übertretungen deckt man sich gegenseitig und passt auf, dass keiner erwischt wird. Einige der Gymnasiasten der Evangelischen Mittelschule Schiers sind zu jener Zeit Mitglieder von Verbindungen und verbringen einen Teil ihrer Freizeit in Klubräumen und veranstalten Trinkgelage. Wein, Weib und Gesang. Wobei die Mädchen nur in der Fantasie – oder außerhalb der Schule – existieren. Denn es ist strikt verboten, Besuch von draußen mit aufs Zimmer zu nehmen. Wer erwischt wird, fliegt von der Schule. Nils verzichtet auf die Mitgliedschaft in irgendeiner Verbindung. Seine alte Abneigung gegen Cliquen kommt wieder zum Vorschein. Lieber eine Außenseiterrolle spielen als sich von Strukturen und Zwängen einbinden lassen, das ist nach wie vor seine Devise.

Nils kommt in Schiers ein großes Stück weiter. Und er erkennt ein Muster, das ihn in Zukunft begleiten wird. Er merkt nämlich, dass die Umgebung nach anfänglicher Skepsis feststellt, dass er ein Chrampfer ist. Dachte man in den Rehabilitationskliniken anfänglich, man habe es mit einem geistig Behinderten zu tun, so kommen Nils' Qualitäten hier auf die Länge voll zum Tragen. Er ist intelligent und hartnäckig, und er arbeitet mit voller Konzentration. Zusätzlich zu den Tages- und Nachtstunden, die er in Schiers mit Lernen verbringt, investiert er seine gesamten Ferien in die Vorbereitungen auf die Matura. Von morgens um sieben Uhr bis tief in die Nacht hinein verinnerlicht er Tonbandinhalte. Der Erfolg lässt sich bald sehen: Er sammelt fleißig Noten zwischen 5 und 6.

Nils genießt durch seine hervorragenden schulischen Leistungen den Respekt der ganzen Schule und hat es dadurch im Alltag immer leichter. Die Bewunderung geht so weit, dass Lehrer zum Teil unkritisch werden. Sie denken wohl, der kann es sowieso, und fragen nicht mehr so exakt nach. Das ist eine angenehme Nebenerscheinung, die er gerne hinnimmt. Wenn es ernst gilt, bei den Maturitätsprüfungen beispielsweise, wird Nils aber getestet wie jeder andere auch. Da gelten weder Rücksichtnahme noch Sonderregelungen oder Sympathien. Und – er brilliert. Die Lehrer und Fachexperten können ihn noch so streng testen, er sitzt fest im Sattel und verblüfft sie alle. An der Physikprüfung löst er eine komplizierte Formel im Kopf, die nicht einmal der Lehrer auswendig kennt.

Gleichzeitig sitzt Mutter Hélène zu Hause und macht Notizen in ihr Tagebuch. Es sind Gedanken einer Beteiligten, die aber im entscheidenden Moment nicht helfen kann. Sie malt sich die Chancen aus, die ihr Sohn durch das Absolvieren der Matura haben wird. Ihre Gedanken sind aber auch bei den Studenten, die auf dem Tiananmen-Platz in Peking ihr Leben lassen mussten, nur weil sie für ihre Überzeugung eintraten. Junge, hoffnungsvolle Menschen wurden dort am 4. Juni 1989, wenige Tage vor Nils' Maturaprüfung, kaltblütig und brutal niedergemetzelt.

Am 17. Juni 1989 bekommt Nils sein Maturazeugnis ausgehändigt und wird an der Feier namentlich erwähnt. Der junge Mann, dem man vor wenigen Jahren kaum eine Zukunft zugestanden hat, übertrifft alle Erwartungen. Er, der mit den größten Handicaps angetreten ist, um zu beweisen, dass er weder geistig zurückgeblieben ist noch als Peddigrohrflechter taugt, wird an der Evangelischen Mittelschule Schiers für die beste Matura des Jahres ausgezeichnet.

An der Feier unterhalten sich Cuno und Hélène Jent mit Nils' Physiklehrer. Er hat, wie viele seiner Kollegen, einen Wandel durchgemacht und muss anerkennen, dass Nils hohen Respekt verdient. Nicht nur als Lernender, sondern auch als Mensch. Er sei eine äußerst motivierende Persönlichkeit, sagt der L... ... s man dank gegen- ... Nils unterstützt, ... viel Kraft gege- ... kheit aufgebaut

... tura der ganzen ... nicht nur Fak- ... nenhänge gese- ... en zu können, ... rch den Unter- ... dächtnis, wäh- ... en. Sie wissen v... ...e eigentlichen Fakten nicht behalten.« Nils sagt, ihm falle das Abrufen leicht, weil alles eins zu eins da sei: »Mein Gehirn ist trainiert wie die Finger eines Violinvirtuosen.«

# Ungeschützt

Schon Monate vor dem großen Tag, an welchem Nils seinen Maturaerfolg feiert, macht er sich Gedanken, wie es nach der Evangelischen Mittelschule weitergehen soll. Der Maturand, der inzwischen 27 Jahre alt ist, erinnert sich an die Wochen und Monate, die er in Spitälern, Kliniken und Rehabilitationszentren verbracht hat. Er war dort gut aufgehoben, alle haben sich um ihn gekümmert und ihm jeglichen Support gegeben. Er musste sich um nichts sorgen, was mit den alltäglichen Verrichtungen des Lebens zu tun hatte. Einkaufen, kochen, Essen servieren, abwaschen: All das war in der Struktur des Systems vorgesehen und wurde von anderen erledigt. Auch fürs Putzen gab es Personal. Nicht einmal um seine Mobilität musste sich Nils Jent Sorgen machen, denn er lebte ja in einem geschlossenen System, das er nur selten verließ. Bewegte er sich mal außerhalb des Gebäudes, wurde sein Transport – zu einer Therapie oder zu seinen Eltern nach Hause – organisiert.

An der Schule in Schiers hatte er bereits mehr Bewegungsfreiraum, ohne jedoch wesentlich mehr Pflichten übernehmen zu müssen. Auch hier war er Teil eines Systems, das seine spezifischen Bedürfnisse kannte und abdeckte. Sogar beim Lernen hatte er Helfer: Im Turnus waren Klassenkameraden dafür zuständig, mit ihm den Stoff aufzuarbeiten oder Kassetten für ihn zu besprechen. Und natürlich standen ihm seine Eltern immer noch mit großem Engagement zur Seite.

Das alles wird es nach Schiers nicht mehr geben. In Gedanken skizziert Nils Jent die verschiedenen Möglichkeiten der Berufswahl. Eine Matura ist noch kein Fähigkeitszeugnis, das weiß er. Nils will sein Wissen erweitern. Der Kopf, das Hirn ist sein wichtigstes, weil völlig intaktes Organ. Nur durch eine intellektuelle Tätigkeit kann er es schaffen, seine Behinderungen zu überwinden. Er will so weit kommen, dass er Anerkennung und ein Auskommen findet. Nils will ein Hochschulstudium in Angriff nehmen.

An eine Universität gehen, das Hirn einsetzen, gut. Aber in welchem Fach? Als Schüler träumte Nils von einer Zukunft als Architekt. Diese Studienrichtung kommt jetzt nicht mehr infrage. Da spielen visuelle Aspekte eine viel zu dominante Rolle. Von seiner Veranlagung her – Nils weiß, wie perfektionistisch und akribisch er seine Aufgaben bewältigt – sieht er sich in einem naturwissenschaftlichen Fach. Chemie, Astro- oder Atomphysik. Sein Interesse gilt den ganz großen oder den ganz kleinen Phänomenen. Vielleicht auch Elektroingenieur. Er kann sich aber auch vorstellen, auf sein intaktes Gehör zu setzen und Akustik zu studieren. Da gibt es zudem gewisse Parallelen zur Architektur.

Nils Jent stattet der ETH in Zürich einen Besuch ab. Eine Art Schnupperlehre macht er da und sieht sich in den Fächern Physik und Mathematik um. Aber er kommt schnell an seine Grenzen. Da er nichts aufschreiben kann, muss er alle Problemstellungen und Lösungswege im Kopf speichern. Differentialrechnungen, Extremalaufgaben, Ableitungen, Kurvendiskussionen. Das sind komplizierte Formeln mit vielen Unbekannten, die er auswendig lernen und bearbeiten müsste. Er stellt fest, dass das Niveau von Anfang an um einiges höher ist als am Gymnasium, wo er noch gut mithalten konnte. Dazu kommen die Hürden, die ihm die räumliche Infrastruktur der

Hochschule stellt: Die ETH, ein riesengroßer Betrieb mit schon damals über 10 000 Studentinnen und Studenten, ist in vielen verschiedenen Gebäuden untergebracht. Schon die Distanzen innerhalb des Hauptgebäudes an der Rämistraße sind für Nils eine Herausforderung. Zu dieser Zeit kann er sich zwar noch ohne Rollstuhl fortbewegen, braucht jedoch ungleich viel länger als seine Kollegen, um von A nach B zu gelangen. Am Morgen würde er es sicher schaffen, rechtzeitig zur ersten Vorlesung am richtigen Ort zu sein. Aber bereits der Wechsel zum zweiten Kurs würde ihn überfordern. Dazu reicht die kurze Pause nicht. Die ETH besteht den Praxistest nicht und kommt für Nils nach reiflicher Überlegung als Studienort nicht infrage.

Die Kontakte zu ehemaligen Schierser Schulkollegen bringen Nils Jent auf eine andere Idee. Er kennt ein paar, die sich an der Hochschule St. Gallen eingeschrieben haben. Eine seiner besten Kolleginnen studiert dort Rechtswissenschaften und empfiehlt ihm, sich an der HSG umzusehen. Der Betrieb dort soll viel kleiner und übersichtlicher sein als an der ETH in Zürich. Nils prüft den Vorschlag, obwohl er weiß, dass die Rechtswissenschaft nicht sein Ding ist. Wenn, dann schon eher Volkswirtschaft. Aber auch da ist er sich nicht sicher, denn für ihn als mathematisch begabten Schüler hat die Sache einen Haken. Die Volkswirtschaftslehre operiert zwar mit Zahlen, aber vieles basiert auf Annahmen und Behauptungen, die sich jederzeit verändern können. Für Nils ist das zu weit entfernt von der naturwissenschaftlichen Präzision. Er überlegt neu und entscheidet sich für die Betriebswirtschaftslehre, die eine andere Denkweise erfordert. Da geht es um konkretere Situationen. Sein Vater hat ihm früher oft von den Abläufen und den Problemen an seinem Arbeitsort erzählt, was Nils immer faszinierte. Deshalb entscheidet er sich für die Studienrichtung, die es ihm erlaubt, betriebliche Strukturen und Entwicklungsprozesse unter die Lupe zu nehmen und deren Gesetzmäßigkeiten zu erforschen.

Nils Jent sieht sich als Persönlichkeit zwischen zwei Polen. Äußerlich habe er sich immer übersichtlich organisiert und eingerichtet, sagt er. In ihm drin sehe es aber anders aus. Da müsse man sich ein kreatives Chaos vorstellen. Das ist seine intuitive, innovative, visionäre, suchende Seite, die die pedantische, perfektionistische und ordentlich strukturierte ergänzt. Dieses Verhältnis sieht er in der Studienrichtung der Betriebswirtschaft gespiegelt. Da arbeitet man zwar mit System, aber flexibel. Man hat es mit Budgets und Zahlen zu tun, aber auch mit Psychologie und sich ständig verändernden sozialen Realitäten, das gefällt ihm. Und immer steht der Mensch im Mittelpunkt, das passt ihm, der durch seine Handicaps ständig auf fremde Hilfe angewiesen ist. Die Gedanken um seine Zukunft führen Nils immer wieder zu sich selbst. In seine Welt, die dermaßen anders ist als jene der meisten anderen.

Der Gedanke, in eine ungewisse Zukunft aufzubrechen, fasziniert Nils. Bis vor kurzem sah er sich noch eingesperrt in ghettoähnlichen Institutionen. Anfänglich im Spital und in Rehakliniken, in denen er fast nur Menschen mit Handicaps begegnet ist. Dann in der WG in Basel und an der Schierser Schule. Nils Jent erobert schrittweise neues Terrain, gewinnt neue Freiheiten. Er zwingt sich, mit der Welt der Nichtbehinderten Schritt zu halten, auch wenn es hart ist und immer wieder Barrieren zu durchbrechen sind. Die Vision, die er jetzt hat, ist noch vage. Außer, dass er an der Hochschule in St. Gallen studieren möchte, weiß er praktisch noch nichts. Jetzt steht ihm der Umzug vom Internat in diese große Stadt bevor, wo er, außer ein paar ehemaligen Mitschülern, niemanden kennt. Er nimmt Kontakt mit der Kollegin an der rechtswissenschaftlichen Fakultät auf und bittet sie, ihn auf seiner ersten Reise nach St. Gallen zu begleiten. Sie willigt ein und berichtet ihm sogleich von einem Haus in der Nähe des Bahnhofs, das umgebaut werde. Dort werde eine Wohnung frei. Nach einem Augenschein vor Ort ist er bald überzeugt, dass die Wohnung passt. Er regelt die Details mit dem Vermieter und ruft gleich danach seine Eltern an, um sie mit zwei Neuigkeiten zu überrumpeln: Er werde erstens in St. Gallen studieren und er habe zweitens bereits eine Wohnung gefunden.

Mit einer eigenen Wohnung löst Nils aber nur einen Teil seiner Probleme. Jetzt muss er seinen Alltag minutiös strukturieren und organisieren. Die Wohnung liegt im dritten Stock, doch das Haus hat einen Lift, der über eine Außentreppe zu erreichen ist. Zu jener Zeit schafft Nils diese Hürde noch ohne größere Schwierigkeiten. Vom Gang in die Wohnung gibt es nochmals eine Stufe. Auch das geht gut. Aber einkaufen, kochen, putzen kann er nicht alleine. So holt er sich Hilfe beim örtlichen Frauenverein.

Die nächste Herausforderung ist der Transport von der Wohnung zur Universität und zurück. Ein Anruf bei der Studentenschaft der Universität bringt Nils mit deren Präsidentin in Kontakt, die sich bereit erklärt, ihn bei der Suche nach Helferinnen und Helfern zu unterstützen. Bei der ersten Vorlesung stellt sie Nils den Kommilitonen vor und bittet sie, sich solidarisch zu zeigen und ihm in seinem Alltag und beim Lernen Support zu leisten. Einige der Jungstudenten, so lässt sich Nils von sehenden Freunden erklären, sind in Anzug und Krawatte zum Unterricht gekommen und haben vermutlich anderes im Sinn, als einem Behinderten mit Rat und Tat beizustehen. Sie sehen aus wie junge Manager oder benehmen sich jetzt schon wie angehende CEOs. Trotzdem finden sich einige, mehrheitlich weibliche Kolleginnen, die bereit sind zu helfen. Den Fahrdienst übernimmt Thomas, ein Mitstudent, der wenig geduldig fürs gemeinsame Lernen ist, dafür umso besser mit seinen Händen anpacken kann.

Auch an der Hochschule St. Gallen erlebt Nils jedoch Momente der Diskriminierung. Eine Situation ist ihm heute noch so präsent, wie wenn sie gestern passiert wäre. Während er im Hauptgebäude in der Nähe des Ausgangs sitzt und auf ein Taxi wartet, kommt ein Professor vorbei und murmelt: Jesses, wo führt das nur hin, wenn jetzt auch noch die Behinderten meinen, sie könnten bei uns studieren. Diese Bemerkung fährt Nils durch Mark und Bein. Darauf war er nicht gefasst. Ihm wird schlagartig bewusst, dass die Studienjahre hier brutal hart sein werden. Er ist ein Außenseiter. Niemand hat auf ihn gewartet. Goodwill zu erfahren, ist Glückssache. Mit der Zeit bessert sich die Situation. Eine neue Führung ist offen für Menschen mit Behinderung und behandelt Nils wohlwollend und respektvoll.

Um den Hochschulalltag zu bewältigen, nimmt Nils Jent Kontakt mit dem Verwalter der Universität auf. Von ihm lässt er sich erklären, wie er sich in den Gebäuden am schnellsten bewegen kann und wo es größere Hürden gibt. Er hat Glück. Als kleines, aber wichtiges Privileg erhält er einen Passepartout, mit dem er alle Lifte benutzen und gewisse Verbindungstüren als Abkürzungen öffnen kann. Anfänglich besucht Nils täglich acht Stunden Vorlesungen. Er verpasst keine einzige und lässt sie sich zudem alle von den Haustechnikern auf Tonband aufnehmen. Dann lässt er sich nach Hause fahren und hört weitere acht Stunden lang die bespielten Kassetten ab.

Anschließend lernt er acht Stunden lang alles auswendig. So nimmt er es sich wenigstens vor. Ein Gewaltspensum, das den Rahmen eines 24-Stunden-Tages bei weitem sprengt, denn Ruhe- und Schlafzeiten sind in diesem Stundenplan nicht vorgesehen. Nils merkt, dass das so nicht funktionieren kann. In dieser Kadenz hält er das Studium kein Jahr durch. Er muss sich eine neue Strategie ausdenken.

Nils Jent schraubt seine Präsenzzeit an der Hochschule herunter. Er lässt sich die Kassetten nach Hause bringen und lernt in den eigenen vier Wänden. Er bespricht sich mit Professoren und setzt Prioritäten: Welcher Teil des Stoffes ist unbedingt notwendig und welcher nicht? Aber auch das Kassettensystem wird bald unpraktikabel. Die gesamten Vorlesungen abzuhören, benötigt zu viel Zeit. Effizienter ist es, wenn Kolleginnen, die Nils unterstützen, die wesentlichen Punkte zusammenfassen. Das stellt an die Studentinnen höchste Anforderungen, denn sie müssen bereits während der Vorlesung überlegen, wie sie den Stoff hinterher dem blinden Kollegen vermitteln wollen. Der Vorteil für sie ist, dass sie wesentlich konzentrierter zuhören und dadurch für sich selber einen besseren Lerneffekt erzielen. Ein Profit für beide Seiten. Win-win im besten Sinn.

Im vierten Semester erscheint Nils Jent praktisch nicht mehr an der HSG. Er lernt ausschließlich zu Hause, während die Kolleginnen und Kollegen eine Art Kontrollfunktion übernehmen. Durch Rückfragen und in Diskussionen checkt Nils, ob er auf dem gleichen Niveau ist wie die anderen. Viele Bücher und Publikationen sind inzwischen über Computer abrufbar. Nur noch wenig Stoff wird für Nils auf Kassetten aufgenommen. Einen Teil des Stoffes besorgt er sich in der Blindenhörbücherei in Zürich, anderes scannt er ein und lässt sich den Text vom Sprachcomputer vorlesen. So bringt er sich langsam auf das Niveau, das die Prüfungen an der Hochschule verlangen. Lange Zeit ist er nicht sicher, ob sein Lernsystem den Anforderungen der Universität genügen wird. In Schiers hat es funktioniert, und Nils Jent hat die beste Matura seines Klassenjahrgangs gemacht. Aber an der Uni gelten andere Gesetze. Und Nils weiß, dass er sich nach wie vor keine Fehler erlauben darf. Eine Prüfung zu wiederholen, liegt nicht drin. Der Aufwand wäre schlicht zu groß.

Für die Lizenziatsprüfungen, die Nils mündlich ablegen darf, besuchen ihn die Professoren in seiner Wohnung und testen ihn. Zu Nils' Genugtuung erfüllt er die Erwartungen und kommt gut durch. Seine Leistungen sind zwar nicht überragend, aber immerhin platziert er sich im Mittelfeld und behauptet sich in einer nicht zu unterschätzenden Konkurrenz. Fürs Erste schafft Nils Jent an der Universität das Lizenziat und überwindet damit eine weitere Hürde auf seinem Weg – und für die Fortsetzung hat er auch jetzt wieder eine Idee. Nicht im Sinne einer festen Planung, denn eine solche hat er sich seit seinem Unfall abgeschminkt. Zu weit in die Zukunft schauen hieße, sich verrückt zu machen. Eher schaut er, was hier und jetzt möglich ist, und setzt sorgfältig einen Fuß vor den anderen. Bildlich gesprochen.

Dass der Abschluss der Hochschulausbildung das Doktorat sein wird, ist für Nils' Umfeld nicht schwer zu erraten. Seine Eltern machen sich zwar Sorgen um seine Gesundheit, denn Nils zeigt zu dieser Zeit deutliche Ermüdungserscheinungen. Konnte er während der Mittelschulzeit selbständig gehen, ohne hinzufallen, so wird er jetzt immer unsicherer. Da er oft am Pult sitzt und lernt, steht und geht er immer seltener. Vermehrt stürzt er, auch in der eigenen Wohnung. Eine teuflische

Abwärtsspirale hat eingesetzt, aus der er keinen Ausweg findet. Auch beobachtet er an sich häufiger sogenannte Angstspasmen – Verkrampfungen der Muskeln, die er rational nicht recht einordnen kann, die aber, so vermutet er, ebenfalls mit Unsicherheit zu tun haben.

Nils verliert dramatisch an Gewicht. War er zu seinen besten Zeiten noch 84 Kilo schwer, sind es jetzt noch knapp 63. Seine Muskelmasse ist geschrumpft, seine Fitness weit unter dem früheren Niveau. Trotzdem arbeitet er weiter wie ein Besessener. Und er sitzt, sitzt, sitzt. Denn er hat nur ein Ziel: Er will sich aus der Abhängigkeit der Invalidenversicherung lösen und einen guten Job kriegen, was mit Doktortitel logischerweise einfacher ist als ohne. Für dieses hohe Ziel nimmt er in Kauf, dass er seinen Körper nachhaltig überfordert und letztlich seine Gesundheit ruiniert.

Die Anstrengungen werden belohnt. 22 Jahre nach seinem fatalen Unfall, mit dem jede berufliche Zukunft zerstört schien, darf Nils Jent endlich einen akademischen Titel vor seinen Namen setzen. Den Abschluss seines Studiums krönt eine Dissertation mit dem Titel »Learning from Diversity – Die Überwindung der Gleichsetzung von Gleichwertigkeit und Gleichartigkeit durch heterogen zusammengesetzte Arbeits-Partnerschaften«. Ab sofort wird niemand mehr Dr. Jents intellektuelle Fähigkeiten infrage stellen. Gut, Missverständnisse gibt es noch heute. So wurde er einmal gefragt, wie viele Jahre nach dem Doktorat der Unfall passiert sei! Darauf, dass die Reihenfolge umgekehrt gewesen sein könnte, kam der Fragende offenbar nicht. Auch vor Rückschlägen ist Nils Jent nach dem größten Erfolg seiner Karriere nicht gefeit. Einer der härtesten wird ihn noch während der Arbeit an diesem Buch treffen. Aber davon später.

# Wir haben Nils nie klagen gehört

Gespräch mit Nils Jents Eltern Hélène und Cuno Jent

**Frau Jent, Herr Jent, ich bewundere Ihren Sohn. Es ist kaum vorstellbar, wie viel Kraft und Ausdauer er aufgewendet hat, um nach seinem Unfall wieder auf die Beine zu kommen und dabei immer optimistisch zu bleiben. Wie sehen Sie Ihren Sohn und seine Leistung über all die Jahre?**
*Hélène Jent:* Wenn er nicht so viele Ecken und Kanten hätte, hätte er es vermutlich nicht durchgestanden. Er hat eine ungeheure Ausdauer. Als ich ihn in den ersten Jahren beim Lernen unterstützte, da gab es Fächer, die waren sehr schwierig. Da ich in Mathematik nicht so gut bin, dauerte es jeweils lange, bis ich ein Problem erklärt hatte. Und dann noch länger, bis er verstand, was ich meinte. Da waren wir stundenlang dran, und ich dachte manchmal, an seiner Stelle hätte ich längst aufgegeben. Aber er nicht. Und wenn es noch so lange dauerte und wir morgens um zwei Uhr noch dran waren. Er wollte wissen, worum es ging, und alles verstehen. Oder Buchhaltung: Da musste er Prüfungen in einem Fach machen, das er vorher nie belegt hatte. Ich selber hatte in der Schule etwas Buchhaltung gelernt, aber nicht sehr fundiert. Da mussten wir stundenlang diskutieren, bis er sich vorstellen konnte, wie das aussah.
*Cuno Jent:* Ich habe ein paar Mal für seine wissenschaftlichen Bücher grafische Darstellungen gemacht. Da habe ich zuerst

einen Entwurf gezeichnet und ihn Nils erklärt. Er versuchte, sich das vorzustellen, und machte dann Korrekturen. Er erklärte mir, das muss so und so aussehen, daraufhin veränderte ich die Zeichnung und beschrieb sie ihm abermals. Diesen Prozess wiederholten wir, bis wir so weit waren, dass er sagte: Okay, wenn ich sehen könnte, würde die Zeichnung vermutlich so aussehen, wie ich sie mir jetzt vorstelle. Manchmal waren die Darstellungen dreidimensional, da dauerte es noch länger. Wir mussten tatsächlich viele Schwierigkeiten überwinden, in vielen Disziplinen.

**Was für Erinnerungen haben Sie an den Moment, als Sie Ihren Sohn Nils nach seinem Unfall zum ersten Mal sahen?**

*Hélène Jent:* Das war ein Schock. Er lag in der Intensivstation und machte keinen Mucks. Für uns brach eine Welt zusammen.

*Cuno Jent:* Wir wussten nicht, ob er überhaupt überleben würde. Diese Phase dauerte ziemlich lange, denn er lag ja wochenlang auf der Intensivstation. Da konnten wir nur zuschauen und hoffen.

*Hélène Jent:* Das erste Mal, das ich merkte, dass er noch da ist, war, als er von der Intensivstation auf die Pflegeabteilung kam. Zwei Schwestern schoben das Bett durch die Gänge und sprachen dann im Lift über seinen Fall. Sie lasen die Krankengeschichte, um sich im Klaren zu sein, mit wem sie es zu tun hatten. Da beobachtete ich, wie Nils immer aufmerksamer wurde, immer konzentrierter zuhörte. Ich glaube, er ist ziemlich erschrocken, weil er vermutlich zum ersten Mal realisierte, wie es wirklich um ihn stand.

**Wie kommunizierten Sie mit ihm?**

*Hélène Jent:* Zuerst konnte er eine Zeit lang überhaupt nicht reden. Da lernten wir, uns über die Augen zu verständigen. Ich merkte, dass er seine Augen bewusst öffnen und schließen konnte. Also einigten wir uns: Augen auf bedeutete Ja, Augen zu bedeutete Nein – oder umgekehrt, ich weiß es nicht mehr. Ich stellte ihm ausschließlich Fragen, die er so beantworten konnte.

**Wussten Sie von Anfang an, dass sein Hirn noch intakt war?**

*Hélène Jent:* Nein. Ich erkannte das erst über unsere »Dialoge«. Seine Antworten machten Sinn. Wir merkten, dass sein Kopf funktionierte. Aber mit dem Körper ging es nur sehr langsam bergauf. Zuerst lag er lange Zeit flach, dann hievten sie ihn mit einem Hebearm aus dem Bett, später stellten sie ihn auf einem Brett auf, sodass er zum ersten Mal selber stehen konnte. Aber da bekam er gleich eine Venenentzündung, weil er vorher so lange gelegen hatte. Später schaffte er es, seinen Radius langsam auszuweiten. Zuerst machte er, gestützt durch uns oder durch das Personal, erste Schritte im Zimmer, dann im Gang, später sogar bis in den Garten des Spitals hinaus. Aber jeder kleinste Fortschritt brauchte lange und forderte viel Geduld und enorme Energie.

**Haben Sie sich damals eine Vorstellung über seine Zukunft gemacht?**

*Hélène Jent:* Wir hatten Panik. Immer wieder dachten wir: Es geht überhaupt nichts mehr. Was sollen wir jetzt tun? Die Sorgen fraßen uns fast auf. Wir hatten keine Ahnung, wie weit die Fortschritte gehen würden.

*Cuno Jent:* Mit der Zeit schafften wir es, das alles auf die Seite zu legen und nicht mehr an die Zukunft zu denken. Wir nahmen eines nach dem anderen. Nur noch die Gegenwart zählte. Das war viel besser, weil man sich sonst zermürbte und nicht mehr schlafen konnte. Und dann begannen wir zu realisieren, dass trotz allem Fortschritte zu beobachten waren. Nils entwickelte sich laufend. Es gab also doch so etwas wie eine Zukunft.

**Das war sicher auch eine Belastungsprobe für Ihre Beziehung.**
*Hélène Jent:* Wir dachten nur noch an Nils und was mit ihm werden würde.

**Hatten Sie professionelle Hilfe?**
*Hélène Jent:* Nein. Ich ging einfach jeden Tag ins Spital, weil man mir sagte, sie kämen mit Nils nicht klar. Er sei so arbeitsintensiv, da waren sie froh, dass ich immer dort war.

**Sie machten das also nicht nur freiwillig?**
*Hélène Jent:* Nein, das war notwendig, weil das Personal an seine Grenzen stieß. Ich konnte Nils ja nicht verhungern lassen, also war ich diejenige, die ihm das Essen eingab. Da Nils ein Einzelkind war, hatte ich genügend Zeit. Wenn da noch Geschwister gewesen wären, hätte es anders ausgesehen.

**Das ist ja besonders bitter, wenn das einzige Kind so schwer verunfallt.**
*Hélène Jent:* Ich glaube, es ist für alle bitter. Wen auch immer es trifft. Zudem wurde ich hellhörig und stellte fest, dass es ganz viele Menschen gibt, die Schicksalsschläge ertragen müs-

sen. Zu merken, dass wir nicht alleine sind und dass es anderen möglicherweise noch schlechter geht, hat uns sehr geholfen. Man hat ja die Tendenz, nur an sich zu denken und sich selber zu bemitleiden.

**Erzählen Sie mir bitte, wie Nils als Bub war.**

*Cuno Jent:* Sehr lebendig, er interessierte sich für alles und hielt uns dauernd auf Trab. Vor allem mit seinen vielen Hobbys: Er machte Judo, spielte verschiedene Instrumente in einer Band, war Turmspringer …

*Hélène Jent:* Ich ging nicht mehr ins Schwimmbad. Ich konnte nicht zuschauen, welch gewagten Sprünge er machte.

*Cuno Jent:* Er kannte keine Angst. Auch auf den Skiern nicht. Als er zum ersten Mal auf den Brettern stand, sauste er einfach geradewegs den Hang hinunter, mit der größten Begeisterung. Dann kam er wieder hoch, hatte knallrote Bäcklein und wollte gleich wieder los. Bögen konnte er noch keine fahren, da ließ er es halt einfach laufen.

**Offenbar war er ein Bewegungstalent?**

*Cuno Jent:* Ja, ich glaube, er hatte eine Begabung für alles, was eine gewisse Koordinationsfähigkeit voraussetzt.

*Hélène Jent:* Tatsächlich. Das fiel schon auf, als er noch ein ganz kleiner Bub war. Er konnte kaum kriechen, da erwischte er mal einen Schraubenzieher und schraubte im Wohnzimmer alle Bodenleisten weg.

**Er hätte also durchaus einen handwerklichen Beruf lernen können.**

*Cuno Jent:* Vielleicht. Er träumte jedenfalls davon, Architekt zu werden. Oder Pilot, das stand auch mal zur Diskussion.

Aber er scheiterte schon an der ersten Prüfung in Dübendorf. Ich glaube, er war gar nicht vorbereitet. Wenn ich mich richtig erinnere, ging er da einfach mal hin.

**Also ein lebendiges, intelligentes, vielseitig begabtes Kind. War er ein guter Schüler?**
*Hélène Jent:* Ja, bis er in die Bezirksschule kam. Da hatte er dann zu viele Hobbys. Musik, Jugendhaus, Schwimmen. Vor allem mit der Band verbrachte er viel Zeit. Da gab es manchmal Konflikte, weil er nicht nach Hause kam. An Sonntagen im Sommer, da wollten wir manchmal grillieren, aber er kam meist viel zu spät. Ich glaube, er hat es einfach vergessen. Da haben wir uns dann geeinigt, dass er kommen könne, wann er wolle. Aber er müsse sich dafür mit den Resten zufriedengeben.

**Alkohol oder Drogen interessierten ihn nicht?**
*Hélène Jent:* Nein. Geraucht hat er auch nicht. Vermutlich, weil er so gerne tauchte. Im Schwimmbad konnte er eineinhalb Beckenlängen unter Wasser schwimmen. Als er einmal eine Zigarette probierte, merkte er sofort, dass er nicht mehr gleich viel Puste hatte. Ich vermute aber, dass er trotzdem alles einmal ausprobiert hat.

**Als der Unfall passiert ist, stand er kurz vor der Matura. Hatte er damals konkrete Pläne?**
*Cuno Jent:* Ich glaube, er wäre an die ETH gegangen und hätte Architektur studiert.

**Dann passierte der Unfall, an Pfingsten 1980. Nils lag vier Monate lang im Kantonsspital Baden und kam dann in die Reha nach Bellikon.**

*Cuno Jent:* Da erinnere ich mich an einige Auseinandersetzungen mit den Pflegern.

**Warum?**
*Cuno Jent:* Weil sie Nils irgendwo stehen ließen und er sich nicht orientieren konnte. Da stand er dann und musste warten, bis jemand fragte, wohin er wolle.
*Hélène Jent:* Darum ging ich auch da jeden Tag hin. Ich wollte sicher sein, dass er rechtzeitig in die Therapie kommt. Einmal kam ich hin, und Nils war nicht in seinem Zimmer. Ich fragte, ob jemand wisse, wo er sei, aber niemand hatte eine Ahnung. Da suchte ich alle Stockwerke ab und fand ihn schließlich im Untergeschoss, wo er verzweifelt versuchte, auf sich aufmerksam zu machen. Offenbar hatte er einen Konflikt mit seinem Pfleger gehabt, der ihn dann zur Strafe alleine stehen ließ.

**Sie waren also nicht zufrieden mit der Betreuung in Bellikon?**
*Hélène Jent:* Es war durchzogen. Zum Teil gut, ohne Zweifel, aber zum Teil auch schwierig.

**Was für Fortschritte machte Nils?**
*Hélène Jent:* Auch hier immer wieder sehr kleine. Das waren stundenlange Geduldsproben. Den Fuß auf eine Stufe stellen und wieder hinunter, wieder hoch, wieder runter. Hoch, runter, hoch, runter. Als »Normaler« bekommen Sie Flöhe, wenn Sie da zuschauen. Aber Nils wollte unbedingt weiterkommen. Er musste die ganze Entwicklung vom Säugling bis zum Erwachsenen noch einmal durchmachen. Das Hirn musste lernen, Bewegungsabläufe zu koordinieren.

**In Bellikon lernte Nils, Schach zu spielen.**
*Hélène Jent:* Mit dem Schach hat er angefangen, weil er sich
in Bellikon oft langweilte. Da sagte er mal zu mir: Bring mir
bitte das Schachbüchlein von zu Hause mit. Dann musste ich
drei Nachmittage lang den gleichen Schachzug lesen, bis er
begriffen hatte, worum es geht. Anfänglich konnte er sich das
überhaupt nicht merken. Immer wieder von neuem musste
ich langsam lesen, was auf dem Brett passierte. Und plötzlich
hängte er ein und merkte sich von Tag zu Tag mehr Züge. Später spielte er mit den Ärzten ganze Partien aus dem Kopf.
*Cuno Jent·* Wir ließen eine Partie manchmal eine, zwei Wochen liegen. Dann stellte ich die Figuren so auf, wie ich es mir
aufgeschrieben hatte, und wir konnten sofort weitermachen.
Nils hatte alles im Gedächtnis gespeichert. Und – gewann.

**Ließen Sie ihn gewinnen?**
*Cuno Jent:* Nein, überhaupt nicht. Ich war einerseits ehrgei-
zig und dachte anderseits, ich müsse ihn fordern. Aber ich
hatte meist keine Chance.

**Vor dem Unfall hatte Nils ein breites Interessenfeld. Aber
dadurch, dass er nachher physisch so eingeschränkt war,
musste er jene Fähigkeiten, die ihm blieben, also die intellektuellen, vertiefen. War ihm das von Anfang an klar?**
*Hélène Jent:* Ich glaube, er hatte große Zukunftsängste. Das
war eine Triebfeder. Er wollte wirklich etwas erreichen, das
war ihm wichtig. Er wusste, dass er mit den Händen nicht viel
ausrichten konnte, also blieb ihm nur noch der Kopf. Und diesen wollte er auf Vordermann bringen. Im Gymnasium machte
er die beste Matura des Jahres. Später war er aber enttäuscht,
als er bei den Abschlussprüfungen an der Uni nur im Mittel-

feld lag. So viel investiert, und jetzt reichte es doch nicht für die Spitze.

*Cuno Jent:* Bei der Jobsuche erlebte er etwas, was auch Frauen oft erleben: Sie sind top, müssen aber immer noch einen Tick mehr leisten als die Männer, um an Spitzenpositionen zu gelangen. So bekam Nils trotz Universitätsabschluss anfänglich keine Stelle. Dann kam er aber in Kontakt mit Professor Martin Hilb. Dieser sah das Problem und unterstützte Nils.

**Nils sagte mir, er habe in Bellikon manchmal das Gefühl gehabt, wie ein geistig Behinderter behandelt zu werden.**

*Hélène Jent:* Er redet undeutlich, sieht nichts, bewegt sich ungelenk und kann sich deshalb nicht immer sofort auf eine Situation einstellen. Auf seiner Etage hatte es lauter Hirntrauma-Patienten. Das war schwierig. Sie tätschelten ihm den Kopf und sagten, wie zu einem Hund: »Ja, ja, chunnsch nöd drus, gäll!?«

**Was für Erinnerungen haben Sie an die Verhandlungen mit Krankenkasse und Versicherungen?**

*Hélène Jent:* Die vielen Besprechungen waren belastend. Es ist hart, wenn über einen Menschen geredet wird wie über einen Motor, der nicht mehr läuft.

*Cuno Jent:* Es ging vor allem um die Kosten, nicht um den Menschen.

**Wo klemmte es?**

*Hélène Jent:* Wir bekamen immer nur tropfenweise Unterstützung und mussten laufend kämpfen. Die Gutsprachen waren jeweils auf drei Monate befristet. Das hieß: Alle drei Monate ein neues Gesuch stellen, antraben, erzählen, welche Fortschritte Nils macht, diskutieren, argumentieren. Das war zermürbend. Einmal war es ganz kritisch. Es sah so aus, als ob sie nicht mehr zahlen würden. Ich hatte mich bereits bei der Bank erkundigt, zu welchen Bedingungen wir einen Kredit aufnehmen könnten.

**Was hat man über den Unfallhergang herausgefunden?**
*Cuno Jent:* Das wurde nie richtig geklärt. Es gab keine Bremsspuren, und Nils war kein übermütiger Fahrer. Zudem trank er nie Alkohol. Der Unfall bleibt auch für uns ein Rätsel. Nils selber denkt, es könnte mit dem Helm zusammenhängen, der vielleicht so dicht war, dass er zu wenig Sauerstoff bekommen hat und kurz weggetaucht ist. Oder ein Sekundenschlaf, wie es auch Autofahrern passiert. Der Unfall ereignete sich in den frühen Morgenstunden, da kann es schon sein, dass er übermüdet war.

**Wie war es generell mit der Unterstützung? Wie haben Ihre Freunde und Bekannten reagiert?**
*Hélène Jent:* Unsere Freunde waren alle betroffen und standen uns bei. Aber bei anderen Leuten staunte ich. Ich hatte das Gefühl, sie mieden uns. Vielleicht war es ihnen unheimlich, und sie wussten nicht, wie sie uns begegnen sollten. Es gab Menschen, die wechselten die Straßenseite, wenn sie mich sahen. Ich kann das zum Teil verstehen, denn ich hätte damals auch nicht gewusst, wie ich reagieren sollte.

**Aber Sie hatten Unterstützung?**
*Hélène Jent:* Ja, schon. Wir haben zwar nie angeboten bekommen, dass man uns mal eine Woche bei der Betreuung von Nils ablöst. Aber ich hätte das Angebot vielleicht auch gar nicht

angenommen, weil ich dachte, es sei doch mein Problem. Auch während der Schule war es so. Ich hätte für das Besprechen von Kassetten vielleicht schon Hilfe bekommen, punktuell, für ein oder zwei Mal. Aber für einen Dauereinsatz kann man kaum jemanden motivieren.

**Wie lange haben Sie Nils regelmäßig unterstützt?**
*Hélène Jent:* Bis vor einem Jahr, als Nils nach einem Zusammenbruch endlich realisierte, dass die Spitex doch für etwas gut ist. Vorher hat er sich immer dagegen gewehrt. Wohl aus finanziellen Gründen, aber auch weil es für ihn angenehmer war, dass wir für ihn sorgten. Wir waren fast jede Woche einmal in St. Gallen. Sonst hätte er ja nichts mehr zu essen gehabt. Wir kochten für ihn vor.

**Zurück zu seinem Aufenthalt in der Klinik in Bellikon.**
**Was geschah anschließend?**
*Hélène Jent:* Irgendwann war die Kostengutsprache der Suva abgelaufen. Man wollte ihn in Bellikon nicht mehr. Da mussten wir überlegen, wo er wieder zur Schule gehen könnte. Vorerst ging er nach Basel in die Sozialrehabilitation für Blinde und Sehbehinderte. Dort lernt man, sich im Haushalt und im Alltag zurechtzufinden. Aber Nils war dort nicht glücklich.

**Warum nicht?**
*Hélène Jent:* Es waren viele ältere Menschen dort, Diabetes-Patienten, die im Alter Probleme mit den Augen bekommen hatten oder erblindet waren. Mit denen hatte Nils nichts gemeinsam, er war ja noch nicht mal 25. Physiotherapie hatte er zu dieser Zeit im Felix Platter-Spital in der Geriatrie. Nils war damals viel zu oft mit betagten Menschen zusammen.

**Dann haben Sie begonnen, sich nach einem Gymnasium umzuschauen. Wie ist man Ihnen an den verschiedenen Schulen begegnet?**

*Hélène Jent:* Zuerst dachte man vermutlich, wir seien verrückte Eltern, die ihren Sohn um jeden Preis ins Gymnasium bringen wollten. Aber sie sagten es uns selten. Wir wussten einfach, das Einzige, was gut funktioniert, ist Nils' Kopf. Also war es folgerichtig, dass er die Matura machen und an eine Hochschule gehen sollte. Die Leute sehen es vermutlich nicht gern, wenn ein Behinderter erfolgreich ein Studium absolviert, während ihre Töchter und Söhne schon im ersten Semester stöhnen und womöglich scheitern.

*Cuno Jent:* Ganz schlimm war es, als er doktorierte. Früher fragte man uns noch ab und zu, wie es Nils gehe und was er mache. Seit er promoviert hat, sind wir für einige Leute gestorben. Ich glaube, das ist manchen unheimlich. Jetzt hat dieser Behinderte doktoriert. Was soll das überhaupt. Der wäre doch besser Korbflechter geworden oder was weiß ich.

*Hélène Jent:* Schon in Bellikon fiel uns auf, dass Nils oft aneckte, weil er eine eigene Meinung hatte. Das steht einem Behinderten offenbar nicht zu, einen Standpunkt zu vertreten. Man möchte lieber, dass er gehorcht: Jetzt sitz mal hier, jetzt iss mal, jetzt geh ins Bett, jetzt sei mal zufrieden und vor allem: Sei immer dankbar!

*Cuno Jent:* Am liebsten wäre ihnen gewesen, Nils hätte gekuscht. Das hat sich vielleicht inzwischen geändert. Aber damals haben wir das so erlebt. Immerhin hat sich in Schiers dann alles zum Guten gewendet.

**Dafür mussten Sie, Frau Jent, für Nils praktisch den gesamten Schulstoff auf Kassette sprechen.**

*Hélène Jent:* Er musste den Stoff haben. Aber lesen konnte er nicht. Die Brailleschrift hatte er zwar gelernt, beherrschte sie aber zu wenig gut, um längere Texte zu bewältigen. Die Hand, mit der er die Punkte der Braille-Zeile ertastete, konnte er nicht koordiniert im Raum bewegen. Das heißt, wenn er am Ende einer Zeile angelangt war, wusste er nicht, wo die nächste anfing. Und Computer mit Sprachausgabe gab es damals noch nicht. So sagte ich mir: Gut, dann lese ich die Bücher halt auf Kassette.

**Wurde Ihnen das nicht zu viel?**
*Hélène Jent:* Das stand überhaupt nicht zur Diskussion (lacht). Stundenlang musste ich lesen. Eine zusätzliche Schwierigkeit war, dass ein Teil der Bücher auf Französisch oder Englisch waren. Ich erinnere mich, dass ich an einem Text von Edgar Allan Poe herumknorzte und satzweise – zum Teil dem Sinn nach – übersetzte.

**Und dann jede Kassette zur Post bringen und schicken.**
*Hélène Jent:* Genau. Ein Buch mit 200 Seiten, das gibt rund 25 Kassetten à 90 Minuten.
*Cuno Jent:* Wenn Nils in Schiers die Sendungen bekam, musste ihm jemand helfen, die Kassetten auszupacken und ins Gerät einzusetzen. Das konnte er nicht selber. Und wenn die Kollegen auf seinem Pult ein Durcheinander gemacht hatten, fand er nichts mehr. Solche für uns Sehende kleinste Hürden muss er seit seinem Unfall täglich überwinden.
*Hélène Jent:* Mit den vielen Kassetten war es nicht einfach, sich zurechtzufinden. Wo habe ich was gehört? An welcher Stelle kann ich etwas noch einmal anhören? Solche Fragen führten bei Nils zum Entschluss, alles auswendig zu lernen.

**Ein riesengroßer Aufwand!**

*Hélène Jent:* Er sagte, das brauche zwar etwas Zeit, sei aber trotzdem der kleinere Aufwand, als lange zu suchen, bis er eine wichtige Stelle wiedergefunden hatte. Da gabs Bücher, die waren so kompliziert, dass ich einige Stellen mehrmals lesen musste – und hatte am Ende des Satzes meist vergessen, worum es am Anfang gegangen war. Und Nils schaffte es. Er lernte tatsächlich alles auswendig. Er hatte eine besondere Fähigkeit entwickelt, sich enorm auf eine Aufgabe zu konzentrieren.

**Sie müssen mittlerweile über ein immenses Wissen verfügen, nach all diesen Büchern, die Sie gelesen haben.**

*Hélène Jent:* Theoretisch schon! Aber nur theoretisch. Ich konnte ja die Fülle des anfallenden Stoffes nicht überdenken oder gar speichern. Wichtig war vor allem, die Bücherstapel abzubauen.

**Nach der Schierser Schule ging Nils nach St. Gallen an die Hochschule und verließ endgültig jeglichen geschützten Rahmen. Er wohnte und lebte fortan praktisch selbständig. Ahnten Sie damals, dass Sie ihm weiterhin würden zur Seite stehen müssen? Dass Ihre Aufgabe noch nicht abgeschlossen war?**

*Hélène Jent:* Genau darum fing es an zu »mühlen« in meinem Kopf. Es war nicht ganz einfach, etwas zu organisieren: bis es so weit war, dass man ihm die Skripts von den Vorlesungen nach Hause brachte; bis man überhaupt die Bücher hatte und alles auf Band aufgelesen war. Alles dauerte. Manchmal dauerte es so lange, dass inzwischen das halbe Semester vorüber war.

*Cuno Jent:* Und es gab neue Schwierigkeiten. Wenn sie Nils eine Kassette von einer Vorlesung brachten, dann war da nur ein Chaos an Stimmen zu hören und ganz weit hinten einer, der etwas erzählte. Nils sagte, das seien die Studenten, die während der Vorlesung miteinander schwatzten. Man verstand fast kein Wort. Trotzdem kniete sich Nils auch da hinein.

**Nils schaffte letztlich, was ihm nach seinem Unfall keiner zugetraut hätte: Er konnte ein einigermaßen selbständiges Leben führen und eine akademische Karriere machen.**

*Hélène Jent:* Ja, das war erstaunlich. Und auch wieder nicht, denn bei ihm ging es um alles oder nichts. Die meisten Schüler, die kurz vor zwanzig das Gymnasium abschließen, sind sich nicht bewusst, worum es geht. Und falls sie scheitern, haben sie andere Optionen offen. Nils hatte nur diese eine Chance, er wusste, dass er sie packen musste.

**Und jetzt ist er Doktor der Ökonomie. Toll, oder? Unglaublich!**

*Hélène Jent:* Ich kann es manchmal heute noch fast nicht glauben. Er hatte aber von Anfang an gesagt, er wolle später ein Studium machen. Und kaum hatte er das Lizenziat, wollte er mehr. Ich mach dann noch den Doktor, sagte er zu uns. Und wir antworteten: Bloß nicht! *(Lacht.)*

**Sie sahen sich schon wieder vor dem Mikrofon.**

*Hélène Jent:* Genau. Ich sah schon wieder stapelweise Bücher vor mir.

**Hatten Sie durch Nils' Unfallfolgen vermehrt Kontakt mit anderen Behinderten?**

*Hélène Jent:* Nicht unbedingt. Aber wir haben herausgefunden, dass die Behinderten untereinander nicht sehr solidarisch sind. Das hat mich erschüttert. Ich dachte, wenn es so viele Menschen gibt, die Probleme haben, dann helfen sie einander oder kümmern sich um die Mitpatienten. Nein. In Bellikon war jeder, der ein bisschen mehr konnte als der andere, in der Rangordnung bereits eine Stufe höher. Eigenartig. Aber vielleicht ist der Mensch einfach so.

**Sie werden sich bestimmt Gedanken darüber machen, wie es mit Nils weitergeht, wenn Sie einmal nicht mehr für ihn da sein können.**

*Hélène Jent:* Das war von Anfang an ein Punkt. Darum war es uns immer wichtig, dass er möglichst selbständig leben kann. Und das haben wir erreicht. Wir wissen heute, es geht auch ohne uns. Früher fragten die Leute oft, ob Nils zu Hause sei. Wir sagten, nein, er sei in der Reha, in der Therapie, in der Schule oder wo auch immer er dann halt grad war. Da schaute man uns schräg an. Manche Leute haben den Eindruck, ein Behinderter gehört nach Hause hinter den Ofen. Aber damit hätten wir Nils keinen Dienst erwiesen.

Er wäre schlichtweg verkümmert. Zudem ist der Unfall in einer Zeit passiert, in der sich die meisten Jugendlichen vom Elternhaus lösen. Da hätte es keinen Sinn gemacht, ihn zu Hause zu behalten. Wir hätten uns vermutlich gegenseitig aufgerieben.

**Sie haben sich aber trotzdem intensiv um ihn gekümmert. Gabs Konflikte?**

*Hélène Jent:* Nur fachliche, wenn wir zusammen lernten. Oder später, als ich seine Skripts zur Druckerei brachte. Da habe ich mich dann schon mal gewehrt, wenn ich zum dritten Mal quer durch St. Gallen zur Druckerei musste, nur weil Nils noch nicht zufrieden war und meinte, noch etwas ändern zu müssen. Er war sich nicht immer bewusst, welchen Aufwand ich für ihn betrieb.

*Cuno Jent:* Nun, er hat halt nicht gewusst, dass der Weg quer durch St. Gallen extrem aufwendig ist, er kennt ihn ja nicht. Für ihn war das deshalb ein Einkaufsdienst, der schnell erledigt ist.

*Hélène Jent:* Blind sein ist ein Riesenhandicap. Aber ich habe auch vieles gelernt von Nils.

**Was?**

*Hélène Jent:* Wir haben beide gelernt, viel genauer zu schauen, viel genauer zu beschreiben. Viel genauer hinzuhören. Auf einem Waldspaziergang sprach Nils mal von den vielen Insekten. Erst da spitzte ich die Ohren und merkte, dass er recht hatte.

*Cuno Jent:* Und einmal sagte er, da seien doch Kühe auf der Weide. Aber keine der Kühe hatte eine Glocke umgebunden. Da fragte ich, woher er das wisse. Nils erklärte, er höre, wie sie das Gras von der Wiese rupften.

**Sie haben also gelernt, besser hinzuhören. Eine ganz andere Frage: Verstehen Sie immer, was er sagt?**

*Hélène Jent:* Wenn er gut drauf ist, dann ist es kein Problem. Aber wenn er müde ist oder es ihm nicht so gut geht, lässt er nach. Dann wird es auch für uns schwierig, ihn zu verstehen.

*Cuno Jent:* In seinen Vorlesungen oder Kursen gibt es von den Studenten wenige negative Feedbacks. Das liegt vermutlich daran, dass Nils dort auf Hochdeutsch referiert und sich dann mehr Mühe gibt als im privaten Rahmen und in Mundart.

**Noch einmal zu Ihrer Aufgabenteilung: Sie, Frau Jent, waren immer präsent, wenn es um Nils' Pflege und Ausbildung ging. Sie, Herr Jent, hingegen waren in Ihrer beruflichen Tätigkeit stark gefordert. Hat Ihnen das geholfen, die privaten Sorgen ein bisschen zu verdrängen?**

*Cuno Jent:* Ja, aber sie waren trotzdem immer vorhanden. Das lässt sich nicht einfach wegstecken.

**Kamen Sie als Paar immer klar mit dieser Belastung?**

*Hélène Jent:* Wir sind zäh geworden.

**Irgendwoher muss es Nils ja haben. Er hat unglaublich viel geleistet.**

*Hélène Jent:* Das kann man wohl sagen. Wir haben zwar Hilfestellung gegeben. Den Rest hat er aber selber gemacht.

**War es schwer für Sie, diesen Schicksalsschlag zu akzeptieren?**

*Hélène Jent:* Wir mussten einfach vorwärtsmachen. Wir hatten nicht so viel Zeit, um mit dem Schicksal zu hadern, denn wir waren ständig wegen irgendetwas auf den Barrikaden. Lesen, was auch immer besorgen, mit Ärzten reden, mit Versicherungen verhandeln.

*Cuno Jent:* Und die ganze Korrespondenz erledigen. Das war mein Part. Plus die Fahrdienste. Wir haben uns einfach aufgeteilt.

**Viele Menschen fragen sich in solchen Extremsituationen: Warum ich? Sie klagen vielleicht den lieben Gott an und werden mit ihrer Situation nicht fertig. Wie ist das bei Nils?**

*Cuno Jent:* Wir haben ihn nie klagen gehört. Überhaupt nie.

*Hélène Jent:* Ich erinnere mich an eine Situation in der Reha in Bellikon, da saß er, als ich kam, ganz alleine in einem Aufenthaltsraum. Er wirkte so einsam, so traurig, so weit weg von allem. Aber er hat nicht gejammert. Und einmal waren wir in Flims, da sagte ich ihm, es sei schon traurig, zu sehen, wie die Jungen auf ihren Skiern voller Schwung die Hänge hinunterkurvten, und gleichzeitig zu wissen, dass das für ihn nie mehr möglich sein wird. Da sagte er, das mache nichts, das habe er ja früher alles exzessiv ausgelebt. Früher sei er im Leben A gewesen, jetzt sei er im Leben B.

**Das ist seine mathematische Seite. Er denkt digital. Eins oder null.**

*Hélène Jent:* Und es sind auch bestimmt keine Lippenbekenntnisse. Das ist wirklich seine Einstellung. Er wollte aus der neuen Situation von Anfang an das Beste herausholen. So denken wir übrigens auch. Was hat es für einen Sinn, sich zu zermürben wegen etwas, was man nicht mehr ändern kann?

**Sie sagen das so. Viele Menschen wissen das, und trotzdem können sie es nicht wegstecken. Weil ihnen die Kraft und der Wille dazu fehlen.**

*Hélène Jent:* Vielleicht überschätzt man sich selber, wenn man nur an die eigenen Sorgen denkt. Wenn man sich in einem größeren Zusammenhang sieht, relativiert sich alles.

**Sind Sie gläubige Menschen?**

*Hélène Jent:* Der Glaube ist insofern eine Stütze, als man sich nicht so wichtig nimmt. Man sollte sich immer wieder vor Augen führen, dass man selber ein Sandkorn in einem viel grö-

ßeren Zusammenhang ist. Darüber diskutieren wir oft, sind
aber nicht immer gleicher Meinung.

*Cuno Jent:* Stimmt! Vonseiten der Kirche hatten wir übrigens
nicht einmal in den schlimmsten Momenten eine Unterstützung.

*Hélène Jent:* Ja, das war schlimm.

**Was war schlimm?**

*Hélène Jent:* Nach meinem Autounfall kam der Pfarrer zu
Besuch und säuselte: »Ah, ma petite, on va faire une prière...«
Und das wars dann mit seiner Unterstützung. Ein Gebet! Das
nützte mir nicht viel. Bei Nils war es anders: Der Pfarrer, der
ihn konfirmiert hatte, kam einmal vorbei, als Nils übers
Wochenende bei uns war. Wissen Sie, was er tat? Er gab Nils
Geld!

*Cuno Jent:* Kein Wort, kein Gespräch, nichts. Ich hatte das
Gefühl, der Pfarrer war selber total hilflos. Natürlich war es
eine schwierige Situation. Aber Geld? Der Mann war schlicht
überfordert. Nils bestätigte mir dies später. Offenbar musste
er den Pfarrer trösten, anstatt von ihm Trost zu empfangen.

**Aber Sie glauben an Gott?**

*Hélène Jent:* Sagen wir es so: Ich bewundere die Natur, und
ich denke, dass wir dazugehören, dass es einen großen Zusammenhang gibt. Und mir gefällt vor allem Christus als Figur. Ein
Mensch wie jeder andere sei er gewesen, sagt man. Und er
erlebte tatsächlich wie viele von uns Höhen und Tiefen. Als ich
meinen Unfall hatte, dachte ich, wenn Jesus sein Leiden ertragen konnte, werde ich das wohl auch können. Das hat mir
geholfen.

# Absturz

Zwei Wochen nach dem Interview mit Nils' Eltern erreicht mich am 21. Februar 2010 eine Mail mit folgendem Inhalt: »Lieber Herr Koller, ganz unerwartet musste mein Sohn Nils ein von ihm geleitetes Seminar in Luzern abbrechen und notfallmäßig ins Spital überführt werden. Da das St. Galler Kantonsspital voll belegt war, haben sie ihn ins Spital Flawil verlegt. Mit freundlichen Grüßen, Cuno Jent.«

Tausend Fragen gehen mir durch den Kopf: Ist Nils zu Hause aus seinem Rollstuhl gestürzt? Wollte er sich etwas antun? Diese Möglichkeit schließe ich zwar sofort wieder aus. Abschließen mit dem Leben, nach allem, wofür er gekämpft hat? Niemals. Ich kann mir das nicht vorstellen. Anderseits kenne ich ihn erst seit ein paar Monaten. Da wäre es anmaßend, zu behaupten, man sähe bereits in die Tiefen der Seele eines Menschen. Das Einfachste ist, ich rufe den Vater von Nils an und frage ihn.

Cuno Jent erzählt mir, sein Sohn habe einen Zusammenbruch erlitten, dessen Ursache noch unbekannt sei. Fest steht, dass er seine Vorlesung über Managing Diversity an der Universität Luzern abbrechen musste. Das Thema gehört zu seinen Kernkompetenzen: der betriebliche Umgang mit gemischten Gruppen, zusammengesetzt aus männlichen und weiblichen, alten und jungen, behinderten und nicht behinderten Mitarbeitern. Geplant war ein dreitägiger Block à je acht Stunden im Rahmen des Diversity-Masterkurses. Nils Jent reiste nach Luzern und checkte im Hotel Continental ein, wo man sich umsichtig um ihn kümmerte. Das sei ein vorbildliches Haus, sagt er später, für einen mehrfach Behinderten wie ihn ideal.

Am Abend vor dem ersten Kurstag ist Nils unruhig. Im Bett hat er Angst, dass er, wenn er einschläft, nicht mehr erwacht. Ein Gefühl, das er bis dahin noch nie hatte. In der Nacht friert er, will seinen Pyjama anziehen, aber es gelingt ihm nicht. Er müht sich eine Stunde lang ab, um schließlich erschöpft aufzugeben. Danach fällt er in einen oberflächlichen Schlaf. Am Morgen schafft er es nicht, aufzustehen und sich zum Badezimmer zu bewegen. Normalerweise hievt sich Nils Jent auf seinen Rollstuhl – oder zu Hause auf einen Bürostuhl mit Rollen – und zieht sich dann mit den Zehen am Boden Zentimeter für Zentimeter vorwärts. Eine Arbeit, die ihm ein hohes Maß an Konzentration und größte Anstrengung abverlangt – aber auch eine gute Physiotherapie ist, wie er immer wieder betont. Vom Schlafzimmer ins Bad braucht er mehrere Minuten, für den Weg in die Küche ebenso lange. Aber an diesem Februarmorgen in Luzern geht plötzlich gar nichts mehr. Er fühlt sich wie ein Baby, total hilflos.

Nils ruft die Mitarbeiterin an, die ihn begleitet, und bittet sie um Hilfe. Sie wird ihm in dieser Krisensituation ausnahmsweise auch bei intimen Verrichtungen helfen, die er üblicherweise selbständig bewältigt. Das Überwinden einer gewissen Schamgrenze und das Zulassen fremder Hilfe hat Nils früh lernen müssen. Seit seinem Unfall vor mehr als dreißig Jahren ist er in vielen Bereichen auf Unterstützung angewiesen. Daran gewöhnt man sich, sagt er. Nur wenn er weibliche Bekanntschaften macht und man sich näherkommt, hat er die gleichen Hemmschwellen wie die meisten von uns.

Mithilfe seiner Mitarbeiterin macht er sich bereit, gemeinsam brechen sie zum ersten Seminartag auf. Während der nächsten Stunden fühlt Nils sich nicht schlecht, außer dass er merkwürdige Bewegungsmuster an sich beobachtet. Er merkt, dass er den Kopf öfter nach rechts dreht als nach links, was auch seine Mitarbeiterin nachträglich bestätigt. Zudem wird seine Stimme immer schwächer; gegen Abend versagt sie öfters, und Nils hat noch mehr Mühe als sonst, deutlich zu reden.

Beim Nachtessen spürt er Schwindelgefühle, ja es geht ihm mies. Er ruft seine Physiotherapeutin an und fragt sie um Rat. Da sie ihren Patienten gut kennt und weiß, dass Nils Jent oft zu wenig trinkt, denkt sie, er sei dehydriert. Sie rät ihm, viel Wasser zu trinken, dann werde das schon wieder. Aber es hilft nicht: Nils' Zustand bleibt schlecht. Mit seiner Mitarbeiterin berät er, was zu tun ist. Sie beschließen, den nächsten Morgen abzuwarten und dann möglicherweise nach St. Gallen zurückzufahren.

Als er in der Nacht zur Toilette muss, hat Nils wieder Mühe, vom Bett in den Rollstuhl zu gelangen. Er versucht es wiederholt, bis der Rollstuhl schließlich umkippt. Nils schafft es nicht, ihn wieder aufzustellen. Also kriecht er auf allen vieren zur Toilette, wo er versucht, sich am Waschbecken hochzuziehen. Aber es gelingt ihm nicht. Erschöpft gibt er auf. Jetzt ist ihm klar, dass er handeln muss. Er fühlt sich buchstäblich am Boden. Seine Gesundheit ist in einem besorgniserregenden Zustand, ohne dass er weiß, warum. Zudem ist er psychisch derart instabil, dass er dauernd in Tränen ausbricht. Das ist ihm früher schon passiert, wenn er sehr erschöpft war. Die körperlichen Störungen als Begleiterscheinungen hat er so aber noch nie erlebt.

Nils Jent schleppt sich zurück aufs Bett, ruft seine Mitarbeiterin an und erklärt ihr, dass er so schnell wie möglich abreisen müsse. Den Rest des Kurses sagt er ab. Er hofft, dass die Störungen der letzten Tage – Koordinationsschwierigkeiten, Schwäche, Verunsicherung – auf eine generelle Übermüdung zurückzuführen seien. Das würde bedeuten: eine Pause machen, innehalten und Abstand nehmen vom Alltagsdruck – das müsste doch funktionieren, denkt der Workaholic. Aber er täuscht sich. Auch zu Hause in der vertrauten Umgebung funktioniert fast gar nichts. Nils kommt in seiner eigenen Wohnung nicht mehr klar. Ein Albtraum, denn Eigenständigkeit und Selbständigkeit sind für ihn und seine Arbeit unerlässlich. Zu Recht fragt er sich, ob er in diesem Zustand seine Aufgaben und Pflichten an der Universität noch würde erfüllen können. Eine rhetorische Frage. Nils Jent sieht sein ganzes Leben davonschwimmen und gerät in Panik.

Noch am gleichen Tag wird er ins Spital überführt. Nicht nach St. Gallen, wo alle Betten besetzt sind, sondern ins entlegenere Spital Flawil. Eine glückliche Fügung für Nils, da er die Atmosphäre im kleinen Provinzspital in den folgenden Wochen als sehr persönlich erleben wird. Nachdem alle Routine-Checks gemacht sind, ist der Arzt guten Mutes. Blutdruck, Herzfrequenz, Urin- und Cholesterinwerte seien im grünen Bereich. Er könne beim besten Willen nichts sagen außer, dass alles in Ordnung sei. Allerdings nehme er zur Kenntnis, dass Nils Jent sich schlecht fühle und ernsthafte Probleme habe. Deshalb schlage er für weitere Abklärungen eine Magnetresonanzaufnahme vor, um danach eventuell zu einer Diagnose zu gelangen.

Am 22. Februar, vier Tage nachdem er von Luzern nach Hause zurückgekehrt ist, kommt Nils in der radiologischen

Abteilung des Kantonsspitals St. Gallen in die Röhre. Dort informiert man ihn nicht über das Resultat, sondern überlässt dies dem Chefarzt in Flawil. Dieser ist sich allerdings nicht sicher und holt die Meinungen von Kollegen ein. Das Bild ist nach Ansicht der Fachleute unklar, und das ist genau das, was der Patient zu hören bekommt: Möglicherweise habe Nils Jent eine Hirnblutung erlitten, es könne aber auch ein Hirntumor sein. Diese Information zieht ihm, dem Mann, der seit Jahren gekämpft und nie aufgegeben hat, der Ziele verfolgte, die andere als unrealistisch bezeichneten, und der bis jetzt stets an seine Zukunft glaubte, den Boden unter den Füßen weg.

# Zurück im Leben

Das Jahr 2010 beginnt also für Nils Jent mit einer Katastrophe. Zuerst der Zusammenbruch in Luzern, dann die Hospitalisierung in Flawil und schließlich der Verdacht auf einen Hirntumor. Nils ist nach so vielen Jahren größter Anstrengung, nachdem er so lange durchgehalten und so viele Ziele erreicht hat, am Ende. Oder besser: wieder am Anfang. Sollte alles vergeblich gewesen sein? Muss ihn auch dieser Schicksalsschlag noch treffen? Im schlechtesten Fall würde er von jetzt an bis an sein Lebensende von morgens früh bis abends spät auf fremde Hilfe angewiesen sein. Seine Forschungstätigkeit an der Universität St. Gallen würde er an den Nagel hängen müssen. Er sieht sich vor einem sinnentleerten dritten Lebensabschnitt. Er ist verzweifelt.

Der Verdacht auf einen Hirntumor erweist sich glücklicherweise als unbegründet. Man hat lediglich eine relativ glimpflich verlaufene Hirnblutung festgestellt und den Patienten zu einem Kuraufenthalt in die Rehaklinik Walzenhausen im Kanton Appenzell Außerrhoden eingewiesen. Nachdem er sich jahrelang gefordert, ja überfordert hat, legt er jetzt unfreiwillig eine Pause ein.

Der Zwischenfall schockt auch Nils' Eltern gewaltig. Hélène und Cuno Jent, die ihren Sohn über so viele Jahre begleitet, ihn in seinem Kampf zurück ins Leben bedingungslos unterstützt und sich mit ihm über seine Erfolge gefreut haben, sehen sich zurückgeworfen auf Feld eins. Sie fragen sich, ähnlich wie nach dem Unfall am Pfingstmontag 1980, wie es nun weitergehen soll. Ob es überhaupt eine Zukunft für Nils gebe. Hélène Jent beginnt wieder Tagebuch zu schreiben. Nachdem sie vor dreißig Jahren den Schock in Worte gefasst und sich die Trauer fast täglich vom Leib geschrieben hat, sind die Einträge mit den Jahren immer seltener geworden. Jetzt ist die Zeit wieder reif für Reflexionen in geschriebener Form.

Hélène Jent denkt nach, liest ihre früheren Notizen und stellt fest, dass sie die allerschlimmsten Augenblicke gar nicht aufgeschrieben hat. Die ganze Situation war zu unerträglich, um notiert und memoriert zu werden. Sie hat gelernt, damit zu leben.

Wie früher besucht die Mutter ihren Sohn oft. Diesmal in der Rehabilitationsklinik Rheinburg in Walzenhausen. Nils hat ein Zimmer ganz oben bezogen, mit schöner Aussicht, wovon er allerdings nicht wirklich etwas hat. Die Eltern versuchen, die Infrastruktur für ihren Sohn zu optimieren. Für einen Menschen im Rollstuhl stellen schon die Teppiche eine erhebliche Herausforderung dar. Zudem sind die Platzverhältnisse eng, und der Zugang zum Internet funktioniert nicht auf Anhieb.

Wieder beobachten die Eltern Nils' Fortschritte, und sie denken darüber nach, was wäre, wenn erneut eine Hirnblutung auftreten würde. Sie sind wie früher verunsichert, wenn Ärzte sie im Spital über Gebühr warten lassen, sie erleben die gewohnten Demütigungen, wenn die Kommunikation zwischen Fachleuten und ihnen als Betroffenen nicht funktioniert.

Nils geht es nach dieser unfreiwilligen Pause wieder besser. Und schon bald arbeitet er wie früher fast Tag und Nacht. Business as usual? Nein, sagt er. Es sei ihm wieder stärker bewusst, dass das Leben ein Geschenk sei. Deshalb erlebe er den Moment, das Hier und Jetzt intensiver als früher. Seinen Alltag meistert er weitgehend alleine, auch wenn der Aufwand an Kraft und Zeit nach wie vor enorm ist. Ich bitte Nils, den ich bis jetzt meist vor dem Computer und am Küchentisch sitzend erlebt habe, mir zu zeigen, wie er alltägliche Verrichtungen meistert. Und so zeigt er mir in detaillierten Schritten, wie für ihn ein durchschnittlicher Tag abläuft.

Wir beginnen im Badezimmer. Nils will hineinrollen und bleibt im Türrahmen stecken. Erst nach ein paar Manövern ist er drin. Auf die Toilette schaffe er es alleine, sagt er. Dabei rolle er vor das Waschbecken, öffne seine Hose, ziehe sich hoch, drehe sich leicht um die eigene Achse, lasse die Hose runterfallen und setze sich auf die Schüssel. Den Rest erledige der vollautomatische Closomat. Bei der Rasur darf ich live zuschauen. Auch dafür zieht sich Nils erst am Waschbecken hoch, greift nach oben, öffnet das Toilettenschränkchen, nimmt seinen elektrischen Rasierapparat, setzt sich wieder auf seinen Stuhl und rasiert sich. Klingt einfach, ist aber ganz offensichtlich furchtbar anstrengend und ebenso langwierig. Den Apparat einschalten, ihn zum Gesicht führen, auf der Wange hin und her bewegen, überprüfen, ob die Rasur gelungen ist, all das dauert schätzungsweise viermal so lange wie bei mir. Aber Nils schafft es alleine. Nur reinigen kann er den Apparat nicht. Das überlässt er den Helferinnen der Spitex, die ihn mehrmals pro Woche besuchen. Sie übernehmen auch die Reinigung der Wohnung, den Abwasch, die Bettwäsche und weitere Verrichtungen, für die Nils Jent Unterstützung braucht oder für die er zu viel Zeit investieren müsste.

Nils' Körperpflege findet in der Badewanne statt. Wenn ich ihm zuschaue, wie er in die Wanne steigt, kommt mir ein Bobfahrer in den Sinn, der in seinen Schlitten steigt. Nur passiert es bei Nils im Zeitlupentempo. Er positioniert seinen Stuhl parallel zur Wanne, setzt sich ganz vorne auf die Kante, zieht sich am Wannenrand hoch, lehnt auf die gegenüberliegende Seite und fasst den Bügel bei der Seifenschale. Nun hievt er zuerst das rechte Bein in die Wanne und zieht dann das linke nach. Sitzt ab. Dreht den Wasserhahn auf, wäscht sich. Vor dem Aussteigen muss er nicht nur sich, sondern die ganze Wanne trockenreiben, sonst rutscht er aus. Eine Gummimatte würde ihm wenig helfen, denn da würde er wiederum hängen bleiben. Ein bisschen rutschen muss er können, in der trockenen Wanne stimmt der Reibungskoeffizient genau. Um wieder aus der Wanne zu steigen, wiederholt er die gleichen Schritte wie vorher, diesmal in umgekehrter Reihenfolge. Der ganze »Badespaß«, wie er die Prozedur nennt, dauert, wenn es schnell geht, zwanzig Minuten, wenns irgendwo klemmt, mindestens doppelt so lange. Kämmen könne er sich alleine, sagt Nils. Nur sehe er das Resultat leider nicht. Und das Schwierigste am Zähneputzen sei das Öffnen der Zahnpastatube. Am liebsten sind ihm Klappverschlüsse. Schraubdeckel kann er mit dem Zähnen zwar öffnen, aber nicht wieder schließen, da ihm dazu die feinmotorische Geschicklichkeit fehlt. Die Zahnpasta drückt er nicht auf die Zahnbürste, sondern direkt in den Mund.

Eine Zeitung überschrieb einen Artikel über Nils Jent einmal mit dem Titel »Doktor der Selbstüberlistung«. Tatsächlich muss er für viele Verrichtungen spezielle Lösungen erfinden und sich Ausweichstrategien ausdenken, falls etwas auf gewohntem Weg nicht gelingt.

Sich entkleiden, ins Bett gehen und morgens die Kleider wieder anziehen: Auch das kann Nils Jent selber. Systematisch verteilt er Hosen, Socken und Pullover im Zimmer, alles strategisch am richtigen – und immer am gleichen – Ort. Geht es ihm gut, steckt er nach fünfzehn Minuten in seinen Kleidern. Wenn er Probleme hat, unkonzentriert ist, sich im Pullover verheddert oder ein Kleidungsstück nicht mehr findet, kann es mehr als eine Stunde dauern. Die Kleidungsstücke nimmt er in die rechte Hand, die er bewegen kann, und führt sie zum Mund, um zu spüren, wo die Öffnung – beispielsweise der Hose – ist. Den Trick mit dem Mund hat er erfunden, weil seine Hände sensorisch zu wenig empfindlich sind. Er erkennt daher durch reines Spüren nicht zuverlässig, was er wie in der Hand hält.

Dann streift er die Hose langsam und konzentriert über, was nur mit ein paar Verrenkungen gelingt, die für mich außerirdisch aussehen. Auf Hemden muss er verzichten. Niemals könnte er die Knöpfe in die Knopflöcher schieben. Dasselbe gilt für Krawatten, die ihm sein Vater zwar zum Teil vorgeknöpft hat. Aber beim Hemd den Kragen hoch- und wieder runterklappen: Das geht nicht. Vor offiziellen Anlässen, die eine gewisse Kleiderordnung vorschreiben, holt er sich fremde Hilfe.

Die Ordnung im Regal ist sehr strikt. Die Helferinnen der Spitex – lange Zeit waren es seine Eltern – legen zusammenpassende Sets bereit. Hose, T-Shirt, Pulli. Ich frage Nils, wie wichtig es für ihn ist, dass seine Kleider zueinanderpassen. Es könnte ihm ja auch wurst sein, wie er aussieht. Nein, sagt er, er sei heute in einer Position, in welcher er nicht wie ein Clochard daherkommen könne.

In der Küche macht sich Nils einen Kaffee. Der Power-Knopf der Maschine ist mit einem Gummikleber markiert – analog zu jenem am Laptop, um die flachen Knöpfe besser ertastbar zu machen. Im Kühlschrank sind ein paar Mahlzeiten, die die Spitex für mehrere Tage vorbereitet hat. Es sind Portionen, die er mit dem Löffel essen kann: Schalen mit Müesli, Teigwaren oder vorgeschnittenen Früchten. Im Kühlschrank stehen auch viele Trinkflaschen bereit, solche, wie sie auch Sportler benutzen. Nils greift sich eine und nuckelt daran: »Ich bin auch ein Velorennfahrer«, lacht er.

Im Tiefkühlfach lagern weitere Portionen Vorgekochtes, die man nur noch in den Mikrowellenherd schieben muss. Das in der Küche eingebaute Gerät kann Nils nicht benutzen, weil es zu hoch platziert ist. Zudem hat der Apparat zu viele Multifunktionstasten, die er nicht unterscheiden kann. Daher steht in Nils' Küche, auf dem Servierboy, ein Zusatzgerät, uralt, mit einfacher Bedienung. So kann er mit seinem Bürostuhl vor die Mikrowelle fahren und die Mahlzeit, die er auf seinen Oberschenkeln transportiert, direkt in den Ofen auf gleicher Höhe schieben. Dass er dabei ab und zu etwas verschüttet, kümmert ihn wenig. Einzig die vielen Flecken auf den Hosen versucht er zu verhindern. Und zieht diese daher meistens aus, bevor er die Mikrowelle benutzt.

Allgemein ist Nils Jent abhängig davon, dass sich die Leute, die in seiner Wohnung ein und aus gehen, peinlich an seine Ordnung halten. Leider vergessen das die Besucher, auch Spitex-Mitarbeiterinnen manchmal, räumen auf und legen die Sachen irgendwohin. Mehrmals fragt mich Nils, ob ich irgendwo einen Brief, eine CD oder eine Zahnbürste sehe, die er nicht am gewohnten Platz finden konnte.

Manchmal, wenn er Zeit hat, schaltet Nils den Fernseher ein. Was bekommt er als Blinder vom visuellen Medium mit? Er sagt, in vielen Fällen fehlten ihm keine Informationen, denn er höre die Geräusche, und es werde ja alles kommentiert. Auch Tennis sei spannend. Wenn er das Tock-Tock der Bälle höre, könne er mit der Zeit unterscheiden: Tock – Schlag vom Racket, Tock – Aufschlag am Boden, Tock – wieder der Schlag vom Racket. Nils hat gelernt, die Aufpraller nach Geschwindigkeit und Winkel zu unterscheiden und das Spiel akustisch zu lesen. Schwieriger seien gewisse Sportarten wie Rudern. Da gebe es nur wenige hilfreiche Geräusche.

Nils bewegt sich meist barfuß in der Wohnung. Dank der Bodenheizung ist das kein Problem. Wenn er die Wohnung verlässt, bedeutet das wiederum akrobatische Übungen, auch wenn seine Schuhe sich dank Klettverschluss relativ einfach schließen lassen. Die Fahrer des Behindertentaxis wissen, dass sie Nils Jent in der Wohnung abholen müssen. Selbständig schafft er es nicht aus seinen eigenen vier Wänden hinaus. Zum Rollstuhl, der im Treppenhaus abgestellt ist, kommt er nicht alleine. Die kleine Schwelle an der Haustür ist für ihn bereits ein unüberwindbares Hindernis.

Der Taxifahrer wartet, bis sich Nils am Waschbecken hochgezogen hat, nimmt den Bürostuhl weg und schiebt den Rollstuhl so hin, dass sich Nils wieder setzen kann. Beim Auto angekommen, rollt der Fahrer Nils auf die Beifahrerseite, öffnet die Tür und reicht ihm seine beiden Hände, damit Nils sich hochziehen, drehen und in den Autositz setzen kann. Ist Nils Jent einmal an seinem Arbeitsplatz, kann er sich wieder selbständig innerhalb des Bürokomplexes bewegen. Er kennt sich aus und weiß, wo ihn keine Schwellen behindern.

Bei seiner Arbeit lässt sich Dr. Nils Jent keinerlei Behinderung anmerken. Ich erlebe, wie er mit großer Selbstverständlichkeit und Sicherheit einen Kurs zum Thema Diversity-Management leitet. Seine Studentinnen und Studenten hängen ihm an den Lippen und sind konzentriert bei der Arbeit. Einige erzählen mir später, sie seien anfänglich etwas irritiert gewesen und hätten lernen müssen, seine Sprache zu verstehen, um seinen Gedanken folgen zu können. Dank seiner Souveränität, seiner gewinnenden Art und seinem ausgeprägten Sinn für Humor träten aber seine Behinderungen schnell in den Hintergrund. Viele von ihnen betonen, sie seien noch selten einem Menschen mit so viel Lebenslust begegnet. Dr. Nils Jent sei im Umgang sehr locker, man könne mit ihm auf Augenhöhe kommunizieren. Die Stunden bei ihm seien intensiv – er fordere viel und verlange präzise Gedankengänge, Aussagen und Schlussfolgerungen. Zudem sei Dr. Jent so vif, dass es schwer sei, ihm irgendetwas vorzumachen. Insgesamt geben die von mir befragten Studierenden Nils Jents Unterrichtsstil absolute Höchstnoten.

Professor Martin Hilb, Ordinarius für Personalmanagement an der Universität St. Gallen und Nils Jents Vorgesetzter, ist ebenfalls voll des Lobs für seinen Mitarbeiter. Er erzählt über seine Zusammenarbeit mit ihm: »Ich durfte Nils Jent in zwei Lebensphasen begleiten. In der Studiumsphase an der HSG betreute ich ihn als Referent seiner Diplom- und später seiner Doktorarbeit. In dieser Zeit lernte ich ihn als kompetente, engagierte und integre Persönlichkeit kennen, die sich weitgehend selbst führt. Ich konnte mich auf die Mentorenrolle beschränken. Diese Zusammenarbeit war zwar zeitintensiv, aber stets außergewöhnlich und bereichernd. In der Berufsphase nach dem Studium begleitete ich Nils Jent als Leiter des Instituts für Führung und Personalmanagement an der Universität St. Gallen als sein Vorgesetzter. Dr. Nils Jent wirkt bis heute mit Erfolg als Leiter des Diversity Center unseres Instituts und als Leiter der Angewandten Forschung des dem Institut angegliederten HSG Center for Disability and Integration. Ebenfalls wirkt er in diesem Zusammenhang als Lehrbeauftragter für Diversity-Management an der HSG, und er ist einer der führenden Diversity-Experten im deutschsprachigen Raum.

Was sind Nils' Stärken? Er hat ›a cool head and a warm heart‹, ist ein brillanter Kopf und ein harter Kämpfer und verfügt über eine außergewöhnliche Intuition, viel Ausdauer, Durchsetzungsfähigkeit und eine enorme Schaffenskraft. Sein entwicklungsfähiger Bereich liegt darin, im Alltag eine bessere Balance zwischen Arbeits- und Freizeit und zwischen Kopfarbeit und Körperbewegung zu finden. Aufgrund seines Lebensmottos ›Entweder man kämpft oder gibt auf!‹ fordert er von anderen Menschen gleich viel wie von sich selbst, und dies kann manchmal für andere zu viel sein.

Ich erhalte von Nils Jent seit vielen Jahren immer die eindrücklichsten Weihnachtskarten zugesandt, zum Beispiel: ›Wer beide Augen auf das Ziel in der Zukunft richtet, hat kein Auge mehr frei, um heute den Weg zu diesem zu sehen.‹ Nils Jent live…«

So weit Professor Martin Hilb. Wer käme beim Lesen dieser Zeilen auf die Idee, dass da ein Mann beschrieben wird, dem das Schicksal vor mehr als dreißig Jahren ein Leben zugewiesen hat, das viele von uns maßlos überfordern würde?

Die finanzielle Unterstützung durch die IV ist zurzeit mit monatlich 780 Franken äußerst knapp bemessen und an komplizierte Bedingungen geknüpft. Absurd, wenn nicht sogar zynisch, ist die Klassifizierung der Dreifachbehinderung, mit der er seit dreißig Jahren leben muss, als »lang andauernde Krankheit«. Eine »Dauerinvalidität« scheint nach Meinung der Experten in Jents Fall nicht gegeben! Weiter drückt der offizielle »Grad der Behinderung« nicht etwa Nils Jents Einschränkungen aus, sondern die Differenz von seinem Einkommen als

Behinderten zum Lohn, den ein nicht behinderter Kollege erzielen würde. Kurz: Je besser Nils Jent verdient, desto weniger behindert ist er. Versteht jemand diese Logik? Zum Glück hat Dr. Jent als Akademiker ein Einkommen, das ihm trotz dieser Wirrnisse ein finanziell sorgenfreies Leben ermöglicht.

Nils muss Macht und Ohmacht im Gleichgewicht behalten. Er hat gelernt, damit umzugehen, abhängig zu sein und doch in vielen Situationen den Lead zu übernehmen. Immer wieder muss er herausfinden, wie er trotz dieses Gefälles führen kann. Er kennt seine Bedürfnisse, weiß darüber besser Bescheid als sein Gegenüber und führt – von unten nach oben. Darin war er bisher sehr stark, und das soll auch so bleiben.

Nils ist trotz dieses Schusses vor den Bug in Luzern in seinem Wesen ganz der Alte geblieben. Unermüdlich kämpferisch, präzise und beharrlich. Ich spüre das am klarsten dann, wenn wir die bereits fertigen Texte dieses Buches durchgehen, die ich aufgrund der Gespräche mit ihm geschrieben habe. Ich bin der Meinung, ich hätte ihn – nicht nur akustisch, auch inhaltlich – gut verstanden, muss aber einsehen, dass Nils an einigen Stellen den Fokus anders setzen möchte als ich. Zuweilen streiten wir über den Zweck dieses Buches. Um auf einen gemeinsamen Nenner zu kommen, müssen wir immer wieder intensiv verhandeln, streichen, ergänzen und umformulieren. Manchmal verbeißen wir uns so in Details, dass wir lachen müssen. Denn eines der wichtigsten Ziele dieses Buches war von Anfang an, dass wir beide dazu stehen können.

Entstanden ist die Skizze eines Lebens, das es wert ist, nacherzählt zu werden. Wir alle lassen uns gerne Geschichten erzählen, am liebsten wahre, die uns zum Staunen und Nachdenken bringen, die uns unterhalten und in deren Hauptfiguren wir unsere eigenen Sehnsüchte projizieren. Solche Geschichten erzählt Nils Jent, wenn er zurückblättert im Buch seiner Biografie. Dabei wirkt er nie großspurig. Ruhig und sachlich, manchmal mit einem kleinen Schmunzeln, holt er seine Erinnerungen hervor und breitet sie vor uns aus. Dabei verblüfft mich immer wieder sein phänomenales Gedächtnis. Viele Details wie Namen, Orte oder Jahreszahlen hat er präsent wie eine Datenbank, die man jederzeit einsehen kann.

Denkt Nils Jent manchmal darüber nach, wie es wäre, wenn er wieder sehen könnte? Medizinische Fortschritte lassen scheue Hoffnungen keimen, und es ist durchaus denkbar, dass in nicht allzu ferner Zukunft Patienten wie er geheilt werden könnten. Aber solche Visionen begeistern ihn wenig. Er habe sich in den letzten dreißig Jahren eine eigene Bilderwelt aufgebaut, die mit Bestimmtheit eine andere Qualität habe als die reale. Die Möglichkeit, wieder zu sehen, wäre vermutlich ein Schock, sagt er.

Zurzeit hat Nils ein ganz anderes Projekt. Er sucht ein Haus für sich und seine – nennen wir sie »Begleitung«. Denn da ist eine Frau in sein Leben getreten, die ihm sehr nahesteht und mit der er unter einem Dach leben möchte. Jeder Versuch, mehr über diese Beziehung zu erfahren, versandet in philosophischen Betrachtungen über Nähe und Distanz in einer Partnerschaft. Nils lässt sich nicht in die Karten schauen. Es gibt andere Themen, über die er lieber spricht.

Bevor wir, wie so manches Mal vorher, einen neuen Termin vereinbaren und ich mich von ihm verabschiede, bittet mich Nils darum, eine Karte gegenzulesen, die er auf dem Computer vorbereitet hat. Rosarote Schnörkelschrift, verziert mit einer großen Rose. Ein Liebesbrief zum Valentinstag.

# 2. Teil – Diversity

# Warum Diversity?

Was motiviert einen Menschen, sich beruflich mit genau jenen Themen auseinanderzusetzen, die schmerzlich seinen Alltag prägen? Warum hat sich Dr. Nils Jent entschieden, die Situation von Menschen mit Behinderung zu erforschen? Er hätte ebenso gut Abstand von all diesen Hürden und Hindernissen nehmen und Anwalt werden können. Er hätte sich mit anderen Problemen als der beruflichen Integration von handicapierten Arbeitskräften herumschlagen können. Sein analytischer Scharfsinn, sein Ehrgeiz und sein Wille hätten ihm bestimmt auch in anderen Branchen Erfolg gebracht. Stattdessen werden ihm durch seine Forschungsarbeit täglich Herausforderungen, Rückschläge und Niederlagen anderer Menschen vor Augen geführt, so wie er sie selbst auf ähnliche Art erlebt hat – und heute noch erlebt. Das braucht Kraft und die Fähigkeit, eine emotionale Verknüpfung von Beruf und Privatleben auszuhalten. Von Erfolgsstorys ist in den Diskussionen um Diversity nämlich selten die Rede. Die entsprechenden Themen haben zwar seit rund zwanzig Jahren Konjunktur – kommen aber in der praktischen Umsetzung kaum vom Fleck.

Diversity-Management ist eine Art der Unternehmensführung, die die Vielfalt des realen Lebens einbezieht und in den Belegschaften zu spiegeln versucht. In den USA begann man sich Anfang der 1980er-Jahre vom Modell der homogenen Teams zu verabschieden. Man hatte festgestellt, dass das Leben vor den Pforten der Unternehmen weit komplexer war,

als es sich in den Belegschaften widerspiegelte. Eine Binsen-
wahrheit! Aber man hatte sie lange Zeit nicht beachtet oder
aus Bequemlichkeit ausgeblendet. Als Folge dieser Einsicht entstanden die ersten Konzepte, Teams kulturell und geschlecht-
lich besser zu durchmischen.

In der Schweiz, wo das Frauenstimmrecht erst 1971 einge-
führt wurde, hatte man großen Nachholbedarf in Sachen
Gleichberechtigung und Chancengleichheit. Deshalb erstaunt
es nicht, dass die Speerspitze von Diversity aus der Gender-
Ecke kam. Die Frauenbewegung hatte Visionen, die nicht nur
geträumt, sondern endlich auch umgesetzt werden wollten.
Leider sind den Worten nur bedingt Taten gefolgt, sodass die
hoch gesteckten Ziele zum Teil bis heute nicht erreicht wurden. So ist leider noch nicht einmal die Lohngleichheit zwischen Mann und Frau eine Selbstverständlichkeit.

Diversity-Modelle werden aber nicht nur angewandt, um
kulturelle oder geschlechtliche Vielfalt herbeizuführen. Im
Fokus steht heute immer stärker die gezielte Durchmischung
von Belegschaften mit Menschen verschiedener Altersgrup-
pen, Religionen, Behinderungen oder sexueller Präferenzen.
Forschungsprojekte im Bereich Disability-Management haben
schon länger belegt, dass Behinderte innerhalb von heteroge-
nen Teams für Betriebe einen echten wirtschaftlichen Mehrwert bringen können. Vor allem, wenn ihre behinderungsbe-
dingten Vorzüge voll zum Tragen kommen. Trotzdem erachten
es viele Unternehmen bis heute eher als Last denn als Chance,
einen Menschen zu beschäftigen, der nicht auf der ganzen
Linie die gewohnte Leistung bringt. Einen handicapierten
Menschen aber nur aus sozial motiviertem Engagement oder
gar aus Mitleid anzustellen, kann nicht die richtige Lösung
sein.

Es wäre nicht fair, über Diversity- und Disability-Management zu schreiben und nur die mangelnde Umsetzung aufzuzeigen. Es gibt durchaus Betriebe, die gute Beispiele von gelungener Integration von Arbeitskräften mit Behinderung aufzeigen, bei denen mehr als nur ein Imagegewinn herausschaut. Auf der anderen Seite gibt es Menschen mit Behinderungen, die durch ihr Engagement bewiesen haben, dass sie trotz vielfältiger Einschränkungen zu Leistungen fähig sind, die Hinz und Kunz ihnen nicht zugetraut hätten. Dr. Nils Jent ist einer von ihnen.

Im Verlauf meiner Recherchen habe ich mit verschiedenen Frauen und Männern gesprochen, die sich über Jahre intensiv mit Diversity beschäftigt haben. Die Journalistin und Soziologin Elisabeth Michel-Alder lieferte wichtige Inputs und erzählte von ihren Erfahrungen. Ich habe ein Gespräch mit Martin und Lienhard Widmer geführt, die jährlich den »This-Priis« ausrichten, der ihrem behinderten Bruder Mathias gewidmet ist.

Neben den historischen Aspekten der Diversity-Entwicklung habe ich Dr. Nils Jents Forschungsgebiet näher betrachtet. Womit beschäftigt er sich in den Instituten der Universität St. Gallen? Welchen Teilaspekten von Diversity widmet er sich, welche Thesen verfolgt er? Und vor allem: Wie kann er sich als Mensch mit einer Vielzahl von Einschränkungen einbringen? Mit welchen speziellen Fähigkeiten ergänzt er das Team seiner nicht behinderten Kolleginnen und Kollegen? Als Grundlage dienten mir einige Publikationen von Nils Jent, namentlich seine Dissertation zum Thema »Learning from Diversity«.

Dieser Teil des Buches soll letztlich dazu dienen, den Anliegen der Gleichberechtigung und Chancengleichheit auf verschiedenen Ebenen eine Stimme zu geben. Nach einem schwung-vollen Start Mitte der 1980er-Jahre hatten die Diversity-Themen einige Jahre Hochkonjunktur und werden bis heute engagiert diskutiert. Inzwischen gibt es an Fachhochschulen sogar Studiengänge für Diversity-Management. Es ist bis heute unglaublich viel Denkarbeit investiert worden, und es wäre schade, wenn man bei der Umsetzung auf halbem Weg aufgeben würde. Die Voraussetzungen sind gegeben, die Vordenker haben ihre Aufgaben gemacht: Ideen, Thesen, Konzepte, Projekte: alles da. Aber in der Praxis gibts noch viel zu tun.

# Worum geht es genau?

Der Begriff Diversity wird mit Vielfalt, Verschiedenartigkeit oder Mannigfaltigkeit ins Deutsche übersetzt. Man spricht auch von sozialer Diversität und meint damit die Vielfalt von Gesellschaftsgruppen, die unseren heutigen Alltag prägt: Menschen aus verschiedenen Ländern mit unterschiedlichen kulturellen, religiösen und sozialen Hintergründen leben in der Schweiz Tür an Tür oder arbeiten gemeinsam in Betrieben. Rund ein Fünftel der erwerbstätigen Bevölkerung in mitteleuropäischen Ländern ist ausländischer Herkunft. In der Schweiz ist der Anteil sogar höher. Diese Menschen haben einen Anspruch darauf, von den Personalverantwortlichen der Betriebe, in denen sie arbeiten, ernst genommen, fair eingesetzt und in nicht diskriminierender Weise behandelt zu werden. Das ist eine der wichtigsten Aufgaben von Diversity. Die spezifischen Bedürfnisse und Pflichten von ausländischen Menschen sollen erkannt und berücksichtigt werden. Das gilt ebenso für andere Teilgruppen von Belegschaften, die früher noch wenig Chancen hatten, wahrgenommen – oder überhaupt eingestellt – zu werden: Frauen, ältere Menschen, Menschen mit Behinderungen.

Der Begriff der Gleichstellung wurde lange Zeit exklusiv von der Frauenbewegung verwendet. Gleichstellung gleich Feminismus, schimpften die Gegner und stigmatisierten so die neuen Ideen. Die Angst vor Veränderung verhärtete die Fronten. Männer, die einen Prestigeverlust und eine neue Konkurrenz befürchteten, desavouierten sowohl die Visionen als auch die Personen, die sie vorbrachten. Heute sieht man Gleichstellung vielmehr als übergeordnetes Ziel, welches einen Zustand beschreibt, in der alle Mitglieder einer Belegschaft – oder Gesellschaft – ihre Fähigkeiten und Potenziale ohne Einschränkungen entwickeln können. Etwas weniger belastet ist der Begriff der Chancengleichheit, womit man fordert, dass alle Menschen die gleichen Möglichkeiten bekommen sollen, sich am Erwerbsleben zu beteiligen.

Nun kann es nicht sein, dass Diversity-Bemühungen sich darin erschöpfen, Lösungen für Einzelpersonen oder spezifische Gruppen zu erarbeiten, damit diese in Betrieben auf Augenhöhe mit der Gesamtbelegschaft funktionieren können. Vielmehr muss Diversity als Gesamtkonzept angedacht und aufgebaut werden. Im Gegensatz zur bloßen Gleichstellung sollen durch Diversity alle – auch das Unternehmen selbst – einen Zusatznutzen haben. Dr. Nils Jent formuliert in einer Publikation aus dem Jahr 2005 ein Drei-Säulen-Konzept als Grundlage für eine ganzheitliche integrierte Diversity-Strategie. Sein Ziel ist, »einen Einblick zu geben, was unter dem Schlagwort ›Diversity‹ zu verstehen ist und wie sich dieses ›Diversity‹ strategisch konzeptionell ausgestalten muss, um langfristig zu einem zusätzlichen Erfolgsfaktor zu werden«. Jent geht davon aus, dass ein Betrieb leistungsfähiger und erfolgreicher ist, wenn seine internen Strukturen der Vielfalt der realen Welt Rechnung tragen. Wissenschaftlich formuliert, stellt er die »Binnenkomplexität« der »Außenkomplexität« gegenüber. Dazu muss die Verschiedenartigkeit der Belegschaft erkannt und berücksichtigt werden. Komplexität alleine birgt aber neben einigen Chancen auch viele Gefahren. Deshalb muss die Binnenkomplexität vom Topmanagement wie auch von den Personalverantwortlichen nicht nur institutionalisiert, sondern permanent gestützt und geführt werden. Die Verschiedenartigkeit des Personals soll nicht als Hemmnis, sondern als Chance gesehen werden.

Einen neuen Ansatz innerhalb moderner Diversity-Konzepte formuliert Jent im Zusammenhang mit den Kompetenzen von Mitarbeitenden so: »Damit die Vorzüge der Vielfalt zum Tragen kommen, sind neben den Musskompetenzen der Mitarbeitenden zusätzlich ihre komparativen Kompetenzen wertgerecht und im besonderen Maß nutzbar zu machen.« Mit »komparativen Kompetenzen« sind Fähigkeiten und Eigenschaften einer Mitarbeiterkategorie gemeint, die dieselben Fähigkeiten und Eigenschaften einer anderen Gruppe deutlich überragen. Beispiele dafür gibt es viele. So lässt sich feststellen, dass hör- oder sehbehinderte Menschen durch ihre Einschränkung die Fähigkeiten der anderen Sinne umso stärker entwickeln und verknüpfen. Der Blinde hat meist ein sensibleres Gehör als der Sehende. Der Gehörlose kann ein hervorragender Beobachter sein. Menschen mit autistischen Störungen entwickeln zuweilen höchste Kompetenzen in einem kleinen Teilbereich. Sie merken sich zuverlässig Unmengen von Daten oder überblicken komplizierte Strukturen weit souveräner als viele andere ohne Handicap. Diese Menschen sind alle im Besitz von komparativen Kompetenzen. Gewarnt sei allerdings vor Stereotypisierung. Wie bei Nichtbehinderten gibt es eine große individuelle Streuung. Dennoch gilt es, diese komparativen Kompetenzen zu erkennen und einzusetzen, anstatt in den Begriffen von Einschränkungen und Defiziten zu verharren.

Als ich Nils Jent kennen lernte, musste ich unweigerlich an die Vielzahl von Möglichkeiten denken, die ihm durch seine multiple Behinderung verwehrt bleiben. Er kommt als Mitarbeiter eines Callcenters nicht infrage, da seine Sprache nur schwer verständlich ist, er kann nicht mit einem normalen Computer umgehen, da er blind ist, er eignet sich für jede Art von physischen Verrichtungen nicht, da er praktisch nur den Daumen und den Zeigefinger der rechten Hand gezielt bewegen kann. Er ist zudem auf rollstuhlgängige Räumlichkeiten angewiesen und muss sich täglich fremde Hilfe holen, um von seiner Wohnung zum jeweiligen Arbeitsplatz sowie zu seinen Lehrverpflichtungen und von da wieder nach Hause zu gelangen. Das sind erhebliche Einschränkungen sowie ein nicht zu unterschätzender Aufwand an fremder Hilfe, ohne die für Nils Jent ein Erwerbsleben nicht möglich wäre. Seine Fähigkeiten aber, in denen er anderen Menschen überlegen ist, sind nicht auf den ersten Blick sichtbar. Das heißt, dass man ihn zunächst, wie viele andere Menschen mit Behinderungen, primär über seine äußerlichen Merkmale – Rollstuhl, ungewohnt wenig Gestik, Augen, die einen selten wirklich fixieren, verwaschene Aussprache – wahrnimmt. Den Aufwand, hinter die Fassade zu schauen und zu erkennen, wo dieser Mensch stark ist, wollen wir meistens nicht betreiben. Wir gönnen es ihm zwar, wenn er in der Gesellschaft akzeptiert wird, tun aber herzlich wenig dafür.

Professor Martin Hilb, Ordinarius für Personalmanagement an der Universität St. Gallen, hat Dr. Nils Jents besondere Fähigkeiten erkannt.

Fragt man den Chef nach den komparativen Kompetenzen seines Mitarbeiters, erwähnt Hilb Jents außergewöhnliche Kreativität und sein intuitives Arbeiten, gepaart mit hoher analytischer Genauigkeit, Reflexion, Konzentrationsfähigkeit, Belastbarkeit und starker Leadership. Trotzdem sei er sehr bescheiden. »Nils Jent ist eine eindrückliche Persönlichkeit, unabhängig von seiner Behinderung. Er verfügt über eine außerordentliche Begabung, die Stärken und Schwachstellen anderer Menschen in Begegnungen zu erkennen. Zudem lässt er sich nicht vom Äußeren täuschen und kann sich konzentriert mit dem Inneren von Menschen und Dingen beschäftigen. Ferner gelingt es ihm, selbst bei größten Problemen Positives zu erkennen. Last, not least führen Begegnungen mit ihm zwangsläufig zu einer gewinnbringenden Entschleunigung aller Beteiligten.«

Moderne Diversity-Konzepte beschäftigen sich mit der Frage, wie man mit der Vielfalt und der Verschiedenartigkeit der Menschen sinnvoll und zum Nutzen aller umgehen kann. »Zum Nutzen aller« meint nicht nur das individuelle Wohlbefinden der Mitglieder eines Teams, sondern den Ausschluss jeglicher Diskriminierungsfaktoren und den wirtschaftlichen Vorteil, den eine Firma durch die Anstrengungen in diesem Bereich erreichen kann.

Warum aber sollte sich ein Unternehmen auf das Abenteuer Diversity einlassen? Ein Abenteuer ist es übrigens tatsächlich, denn wie bei den meisten Adventure-Projekten in der freien Natur oder am Computer geht man mit Diversity neue Wege, riskiert einiges und steht zuweilen unter Hochspannung. Aber man kann durch das Erreichen der gesteckten Ziele ungeahnte Glücksgefühle erreichen. Und man ist hinterher reicher – an Erfahrung, Emotionen, Engagement und Befriedigung. Oder schlicht finanziell reicher, dank des gesteigerten Gewinns.

Aber zurück zur Motivation. Möglicherweise setzt ein Arbeitgeber Diversity-Ziele unter dem Diktat des aktuellen Trends durch. Wenns alle tun, kann es nicht schaden, ebenfalls auf den fahrenden Zug aufzuspringen. Schöner wäre, wenn es freiwillig und aus Überzeugung geschehen würde. Und es gibt sie, die Unternehmer oder Manager, die aus ethisch-moralisch-wirtschaftlichen Überlegungen Chancengleichheit anstreben. Die meisten von ihnen wünschen sich, dass sich die Investitionen lohnen mögen und dass man mit der Zeit etwas zurückerhält. Das kann eine erhöhte Attraktivität des Unternehmens sein und damit verbunden die Möglichkeit, Fachleute aus einem größeren Pool an Interessenten auszuwählen. Das kann die Kompetenz sein, auf eine vielfältige Kundschaft und deren Wünsche besser einzugehen. Möglicherweise hat das Unternehmen dank erreichter Diversity-Ziele eine kreativere Innovationskraft und eine gesteigerte Produktivität. Und schließlich ist jeder Arbeitgeber zufrieden, wenn ihm die Mitarbeitenden möglichst lange treu sind. Eine tiefe Fluktuationsrate kann zweifellos ebenfalls ein Payback von Diversity-Bemühungen sein.

Die meisten Diversity-Projekte der letzten Jahre gingen von einem Top-down-Ansatz aus. Damit entsprechende Projekte funktionieren, dürfen sie aber nicht einfach durch das Management – von oben nach unten – verordnet werden. Vielmehr müssen Kaderleute selber von Diversity-Erkenntnissen durchdrungen sein, sie müssen sie vorleben, damit sie im ganzen Unternehmen greifen. An Glauben, Überzeugungskraft und Leitbildern fehlte es meist nicht. Schon eher an der praktischen Umsetzung. Auch wenn in kleinen und großen Betrieben in den letzten Jahren viele Fortschritte im Bereich der Chancengleichheit erzielt wurden: Am meisten Aufholbedarf besteht ganz oben. In den Manageretagen ist die Beteiligung von Frauen und Behinderten nach wie vor so klein, dass man ehrlicherweise von einem Scheitern der Diversity-Bemühungen reden müsste. Mit gutem Beispiel vorangehen, das haben die Wirtschaftsbosse in diesem Punkt bis jetzt noch nicht geschafft. Dabei wäre dies das wichtigste und effektivste Signal. Es ist wie bei der Kindererziehung. Tausend gute Ratschläge erzielen nicht halb so viel Wirkung wie das gute – oder schlechte – Beispiel der Eltern.

Wie kann ein Betrieb sicherstellen, dass gute Ideen und schöne Konzepte umgesetzt werden und nachhaltig Wirkung zeigen? Strategien und neu geschaffene Strukturen funktionieren nicht von selbst, nur weil man sie verordnet hat. Die Antworten darauf sind beim Management und bei den Mitarbeitenden, also bei allen Beteiligten, zu suchen. Damit Diversity zu einem Erfolg wird, muss jeder Mensch in einem System Verantwortung übernehmen. Er muss umdenken und sowohl sein Denken als auch sein Handeln den veränderten Gegebenheiten anpassen. Damit dies funktioniert, dürfen Teams nicht einfach sich selber überlassen werden, sondern müssen geführt und gecoacht werden. Führungs- und Personalentscheide müssen frei von Stereotypen und Vorurteilen gefällt werden, Verantwortliche müssen in der Thematik sattelfest sein und sich ständig weiterbilden, damit sie auch in komplexen, schwierigen Situationen Lösungen finden. Innerhalb von Betrieben, Organisationen oder der öffentlichen Verwaltung sind diese Veränderungen mit einigem Willen, dem Einsatz von Know-how, Manpower und finanziellen Ressourcen zweifellos möglich. In der Gesellschaft sind dieselben Prozesse allerdings nur schwer umsetz- und kontrollierbar.

Das Personalmanagement, das sich den Ideen von Diversity verpflichtet, muss eine Vielzahl von Faktoren berücksichtigen. Bereits die Definition der Verschiedenartigkeit der Menschen ist hochkomplex. Sie gliedert sich in zwei Bereiche. Da gilt es einerseits, soziale Daten zu berücksichtigen. Unter sozialen

Daten versteht man Geschlecht, Alter, Nationalität, Kultur-
prägung, Religion und Gesundheitsstatus. Andererseits sind
persönliche Daten wie Charakter, Wesen, Temperament, soziale Kompetenz, Intelligenz, Interessen oder Physiognomie
von Belang. Jeder Mensch weist eine Vielfalt kombinierter
sozialer und persönlicher Daten auf. Mithilfe dieser Daten lassen sich seine Fähigkeiten, seine Defizite und seine komparativen Kompetenzen erkennen, aber auch die Gefahren von
möglichen Diskriminierungen.

Die gesetzlichen Rahmenbedingungen werden in der
Schweiz laufend verhandelt, sind aber generell weniger eng
gesteckt als in einigen anderen westeuropäischen Ländern
oder in den USA. Als generelle Regelungen müssen die Artikel 7 und 8 der Bundesverfassung berücksichtigt werden.

**Art. 7   Menschenwürde**
Die Würde des Menschen ist zu achten und zu schützen.

**Art. 8   Rechtsgleichheit**
[1] Alle Menschen sind vor dem Gesetz gleich.

[2] Niemand darf diskriminiert werden, namentlich nicht
wegen der Herkunft, der Rasse, des Geschlechts, des
Alters, der Sprache, der sozialen Stellung, der Lebens-
form, der religiösen, weltanschaulichen oder politischen
Überzeugung oder wegen einer körperlichen, geistigen
oder psychischen Behinderung.

[3] Mann und Frau sind gleichberechtigt. Das Gesetz sorgt
für ihre rechtliche und tatsächliche Gleichstellung, vor
allem in Familie, Ausbildung und Arbeit. Mann und Frau
haben Anspruch auf gleichen Lohn für gleiche Arbeit.

[4] Das Gesetz sieht Maßnahmen zur Beseitigung von Benachteiligungen der Behinderten vor.

Das Gesetz über die Beseitigung von Benachteiligungen von Menschen mit Behinderungen (BehiG, SR 151.3) trat am 1. Januar 2004 in Kraft und regelt die Zugänglichkeit von öffentlichen Bauten, Dienstleistungen und Verkehrsmitteln. Wobei bereits in diesen Punkten Hintertüren offen stehen. Im dritten Abschnitt über die Verhältnismäßigkeit schränkt das Gesetz die vorher definierten Bestimmungen ein:

[1] Das Gericht oder die Verwaltungsbehörde ordnet die Beseitigung der Benachteiligung nicht an, wenn der für Behinderte zu erwartende Nutzen in einem Missverhältnis steht, insbesondere:

    a. zum wirtschaftlichen Aufwand

    b. zu Interessen des Umweltschutzes sowie
       des Natur- und Heimatschutzes

    c. zu Anliegen der Verkehrs- und Betriebssicherheit.

Bestimmungen, die Unternehmen, Organisationen oder Vereine in die Pflicht nehmen würden, fehlen. Einzig für den Bund als Arbeitgeber sind Maßnahmen im Personalbereich formuliert. Der Nationalrat hat hingegen eine Quotenregelung für Behinderte wiederholt abgelehnt. Obwohl die Invalidenversicherung verpflichtet ist, Menschen mit Behinderungen wenn möglich ins Berufsleben einzugliedern, sperren sich vor allem Wirtschaftsvertreter dagegen, den Unternehmen in diesem Punkt zahlenmäßig Vorschriften zu machen. Kritiker sind skeptisch, ob die Integration innerhalb dieser vagen Leitplanken funktioniert, Optimisten behaupten, Arbeitgeber seien viel sozialer, als man meine.

Die Stiftung IPT (Integration pour tous – Integration für alle) bemüht sich seit rund vierzig Jahren, Menschen mit

Beeinträchtigungen in der Arbeitswelt zu behalten oder wieder einzugliedern. Sie beschäftigt über hundert Mitarbeiter in allen Landesteilen und ist die größte Vermittlungsplattform für Behinderte. IPT hat in einer Vergleichsstudie nachgewiesen, dass sich der Anteil behinderter Mitarbeiter in Mikrounternehmen (bis 9 Beschäftigte) im Jahr 2008 auf 4,13 Prozent des gesamten Personalbestandes belief. Bei Kleinbetrieben (10–49 Mitarbeitende) lag der Anteil behinderter Mitarbeiter bei 3,48 Prozent. Bei Mittelbetrieben (50–249 Mitarbeitende) bei 3,80 Prozent. Großbetriebe schnitten mit einem Behindertenanteil von 1,25 Prozent vergleichsweise schlecht ab. Der hohe Prozentsatz von Behinderten in kleinen und mittleren Unternehmen ist erfreulich, wenn man bedenkt, dass viele KMU über die administrative Belastung durch staatliche Vorschriften klagen. Durch Aufklärung und den Abbau komplizierter Regulierungen könnte man vermutlich noch mehr Patrons motivieren, sich mit diesem Thema zu beschäftigen.

# Viel bewegt – und doch nichts erreicht?

Es war einmal eine Zeit, da glaubte man in der Wirtschaft an
Wunder. Kurz nach dem Zweiten Weltkrieg, in den Fünfziger-,
Sechzigerjahren, da waren Begriffe wie Fortschritt, Wachstum,
Gewinn und Expansion die Zauberwörter einer ganzen Gene-
ration. Unwidersprochen und von niemandem bezweifelt. Vor
allem in den USA gab die geografische Ausbreitung der Ge-
schäftsgebiete rund um den Globus vielen Unternehmen das
Gefühl, die Bäume wüchsen in den Himmel. Und so war es ja
auch, eine Zeit lang. Merkwürdigerweise fand, parallel zur
Globalisierung und dem Zuwachs an Vielfalt, im Innern der
Unternehmen eine gegenläufige Bewegung statt. Die Belegschaften wurden immer mehr gleichgeschaltet. Dabei waren
die Dresscodes in den Chefetagen – Anzug und Krawatte für
den Mann, Deux-Pièces für die Frau – nicht einmal das Haupt-
problem. Viel stärker ins Gewicht fiel, dass die Menschen
bereits bei der Anstellung einem Raster genügen mussten, das
starr und eng definierte, welchen Kriterien der optimale
Bewerber genügen musste, um in eine engere Wahl zu kommen. Auch wenn es weder in den Stelleninseraten noch in
internen Anforderungsprofilen ausformuliert wurde, die Sta-
tistiken von damals sprechen eine deutliche Sprache: Der
überwiegende Teil der Belegschaften in global tätigen Konzer-
nen war weiß, männlich, normalgewichtig, heterosexuell, verheiratet, christlich, zwischen 25 und 50 Jahre alt und finanziell
abgesichert. Abweichungen von diesem dominanten Idealtyp

waren umso seltener, je höher man die Karriereleiter hinaufstieg.

Die Outsider, jene also, die aufgrund ihrer Hautfarbe, sexuellen Präferenz, Religion oder anderer Merkmale weniger Chancen hatten, beobachteten die glücklichen Insider mit wachsendem Unmut. In den USA gewannen in den 1980er-Jahren die Debatten über die Zusammensetzungen der Belegschaften an Intensität. Es gab Kritik an der Dominanz von jungen, weißen, verheirateten Männern. Der Ruf nach Maßnahmen zur Förderung anderer Gruppen wie etwa Frauen, Farbiger, Menschen mit anderen Kulturen, Lebensformen und Weltanschauungen wurde lauter – wobei Erlasse wie die Affirmative Action (Quotenregelung für die Einstellung von Frauen und Minderheiten) oder allerhand Verbote der Diskriminierung in der Arbeitswelt bereits in diese Richtung vorgespurt hatten. Auch die Vorarbeit von engagierten und hartnäckigen Feministinnen und Antirassisten machte sich hier bezahlt.

Wer in den 1980er-Jahren in den USA als Arbeitgeber etwas auf sich hielt, konnte fortan eine Diversity-Strategie vorweisen. Der Weg von der Theorie zur Praxis war aber meist steinig und voller Hindernisse – und er ist es bis heute. Ängste, Bedenken und Unsicherheiten, die jeden Veränderungsprozess begleiten, traten hier besonders hartnäckig auf. Da gab es Streit zwischen Modernisierern und Bedenkenträgern, zwischen Traditionalisten und Marketing-Experten, zwischen Netzwerkern und Verwaltern. Die Diskussionen waren emotional angeheizt, oft fehlte jedes Augenmaß. Aber es entwickelte sich, trotz aller Widerstände, langsam eine Kultur des besseren Verständnisses für die Unterschiedlichkeit von Menschen und der Offenheit anderen Lebensmodellen gegenüber.

Nun ist es aber nicht so, dass alle spezifischen Gruppen, denen Diversity-Konzepte bessere Chancen einräumen, gleich gute Ausgangsbedingungen hätten. Auch da gibt es Hierarchien. Während es an der Spitze Frauen gibt, die inzwischen in vielen Bereichen eine den Männern gleichwertige Stellung erreicht haben, nimmt die Anerkennung der Gleichwertigkeit bei ethnischen Unterschieden bereits markant ab und streut auch schon viel stärker. Schwarzen werden öfter pauschal die Attribute »bequem« und »unzuverlässig« angehängt. Demgegenüber gelten Asiaten ebenso pauschal als »unermüdlich« und »schnell«, was ihnen ungerechtfertigt zu einem Startvorteil verhilft. Die Anerkennung der Gleichwertigkeit nimmt weiter ab, wenn man die Gruppe der Menschen mit Behinderung einbezieht, welche zusätzlich in sich selbst äußerst heterogen ist. Rollstuhlfahrer sind im Vorteil gegenüber Sinnesbehinderten. Für sie baut man Rampen und beseitigt bauliche Hürden wie Schwellen oder Hindernisse. Am schlechtesten gestellt sind wohl psychisch Behinderte. Denn häufig sieht man ihnen die Behinderung auf den ersten Blick nicht an, und sie können manchmal nur schwer nachweisen, dass ihnen etwas fehlt. Gerade in diesen Bereichen hat Diversity in Fragen der Gleichberechtigung, Gleichstellung und Gleichwertigkeit noch einiges zu tun.

Parallel zur Entwicklung von Diversity ging in den USA die Tendenz einher, Fehlverhalten zu ahnden. Durch ein entsprechendes Rechtssystem motiviert, waren bald Anwälte damit beschäftigt, Missstände, Verstöße gegen Gleichberechtigungsparagrafen, ungleiche Chancen, unfaire Löhne und andere Diskriminierungen aufzudecken und dabei Hunderte Millionen US-Dollar umzusetzen. Das Magazin »Newsweek« ging 1990 sogar so weit, von »thought police« zu sprechen – Gedankenpolizei –, und ärgerte sich über die »totalitäre Bedrohung der Meinungsfreiheit durch die Despoten des 20. Jahrhunderts«. Der damalige US-Präsident George H. W. Bush doppelte kurz darauf nach: »Political Correctness ersetzt alte Vorurteile durch neue. Was als Kampf für mehr Höflichkeit begann, mündet nun in Konflikt und Zensur.« Trotz aller Übersensibilität ist es bis heute sehr wohl möglich, sich öffentlich unmöglich zu machen. Siehe Silvio Berlusconi, der 2008 über den amerikanischen Präsidenten Barack Obama sagte, dieser sei immer erstaunlich braun gebrannt. Die ganze Welt schüttelte den Kopf, aber Konsequenzen erwuchsen dem italienischen Ministerpräsidenten daraus keine.

Auch in der Schweiz profitierte der Diversity-Gedanke von der Vorarbeit der Frauenbewegung. Um gleiche Rechte für Menschen unterschiedlicher Ethnien und Religionen brauchte man sich hier lange nicht zu kümmern. Entsprechende Gruppen waren zahlenmäßig noch zu klein, um wahrgenommen zu werden oder um auf sich aufmerksam zu machen. Behinderte waren aber bald mitgemeint, wenn man in den Achtzigerjahren Chancengleichheit für alle forderte. Bleiben wir aber noch eine Weile bei der Gender-Thematik, die wegweisend für alle folgenden Diversity-Zweige war. Die Geschichte der schweizerischen Frauenbewegung nachzuerzählen, die, je nach Lesart, bereits im 19. Jahrhundert erste Erfolge erzielte, würde hier zu weit führen. Zwei Daten der jüngeren Geschichte sind jedoch erwähnenswert: das Ja zum Frauenstimmrecht am 7. Februar 1971 und die Annahme der Gleichberechtigungsinitiative (beziehungsweise des Gegenentwurfs des Bundesrates) am 14. Juni 1981. Sie verlangte eine Ergänzung von Artikel 4 der Bundesverfassung um die explizite Anerkennung der Gleichberechtigung von Mann und Frau.

Das waren für die Schweiz Meilensteine und gleichzeitig Wegbereiter für das, was nun Jahrzehnte später als Diversity in aller Munde ist. Da sich aber fünf Jahre nach der Einführung des Gleichberechtigungsartikels in der Praxis immer noch wenig bewegte, wurde 1986 das Projekt »Taten statt Worte« ins Leben gerufen, mit dem Ziel, einen Kulturwandel herbeizuführen. Dieses Impulsprojekt wurde von der Journalistin und Soziologin Elisabeth Michel-Alder initiiert, die den Kontakt zu gewichtigen Persönlichkeiten aus Politik, Wirtschaft und Wissenschaft suchte und diese gemeinsam an einen Tisch brachte.

Das Projekt hatte durch die Präsenz von so großen Unternehmen wie Schweizerische Kreditanstalt (heute Credit Suisse), Sandoz, Kaba und Migros wirtschaftlich ein großes Gewicht und war auch politisch durch die Teilnahme von FDP- und SP-Nationalräten einigermaßen ausgeglichen. Dass die SP sich für Anliegen der Chancengleichheit einsetzte, war nicht verwunderlich. Schon eher staunte man, dass ein FDP-Politiker vom Kaliber eines Ulrich Bremi vorne dabei war. Der damalige Zürcher Nationalrat und Vordenker der Freisinnigen erinnert sich auf meine Anfrage hin, dass vor allem wirtschaftliche Überlegungen am Anfang der Idee standen. Während der Hochkonjunktur herrschte nämlich ein akuter Personalmangel, und so sei man zur Einsicht gekommen, die Betriebe müssten das Potenzial ihrer weiblichen Belegschaft besser nutzen. Elisabeth Michel-Alder weiß aber, dass auch familiäre Gründe für das Engagement hoher Wirtschafts- und Politleute verantwortlich waren: Einige von ihnen hatten Töchter, die ein Studium anstrebten und weiterkommen wollten. Das nahmen die Väter wahr und stellten gleichzeitig fest, dass man dafür ein paar Barrieren würde beseitigen müssen.

Um es gleich vorwegzunehmen: Heute noch, ein Vierteljahrhundert nach der Gründung von »Taten statt Worte«, wird um die Regelung und Umsetzung von wichtigen Rahmenbedingungen der Chancengleichheit gerungen. Der Versuch, Unternehmen gesetzlich zu verpflichten, einen bestimmten Prozentsatz ihrer Arbeitsplätze für Behinderte zu reservieren, ist wiederholt gescheitert. Der Nationalrat hat es am 16. Dezember 2010 im Rahmen der 6. IV-Revision zum letzten Mal abgelehnt, solche Quoten einzuführen. Aber gehen wir der Reihe nach. »Taten statt Worte« war anfänglich eine vielversprechende Erfolgsgeschichte. 1987, ein Jahr nach der Gründung der Initiative, waren 38 Betriebe, Organisationen und Verwaltungen bei »Taten statt Worte« angeschlossen. Im gleichen Jahr wurde an der Universität Zürich ein erstes Symposium veranstaltet, an welchem rund 600 Personen teilnahmen. 1988 wuchs die Mitgliederliste auf 49 namhafte Betriebe, Verwaltungen und Organisationen an. Namentlich dabei waren die SBB und die PTT. Anlässlich des zweiten Symposiums zum Thema wurde eine Indikatorenliste vorgestellt, mit der man frauenfreundliche Unternehmen identifizieren konnte. Als die Topmanager der Schweizer Rückversicherung in jenen Tagen in sich gingen, stellten sie fest, dass sowohl Verwaltungsrat als auch Geschäftsleitung reine Männerdomänen waren. Folglich beschloss man, in Zukunft für beide Gremien aktiv Frauen zu rekrutieren. Man erhoffte sich dadurch eine gewisse Symbolwirkung auf andere Betriebe.

Die Schweizerische Kreditanstalt stellte fest, dass sich ein frauenfreundliches Image zwar nicht sofort in Franken und Rappen auszahlt. Jedoch habe das Unternehmen nach entsprechenden Anstrengungen auf den verschiedenen Stufen unerwartet viele Frauen als qualifizierte Mitarbeiterinnen gewinnen können, was bei der damaligen Personalknappheit eindeutig als Wettbewerbsvorteil einzuschätzen war. Aber der Optimismus war nicht sehr verbreitet, die konkreten Erfahrungen noch selten, und die Kritiker ließen nicht auf sich warten. Im September 1989 schrieb die »Weltwoche« unter dem Titel »Im Tempo der Schnecke voran« einen Kommentar zu einer Konsultativbefragung des Eidgenössischen Justiz- und Polizeidepartementes. Das EJPD hatte Kantone, Parteien, Frauenorganisationen und Wirtschaftsverbände gebeten, offenzulegen, wie weit sie den reichhaltigen Maßnahmenkatalog für eine umfassende Chancengleichheit tatsächlich unterstützen wollen: »Was dabei herauskam, hat niemanden erstaunt: Der Bericht wird grundsätzlich von allen Seiten begrüßt – wer will denn schon im Jahre 1989 als frauenfeindlich verschrien werden. Die wirklich griffigen Maßnahmen aber werden von Arbeitgeberorganisationen, Wirtschafts- und Gewerbevertretern so massiv torpediert, dass sich vor allem ein Verdacht aufdrängt: In diesen Kreisen wird nach wie vor schamlos von den niedrigen Frauenlöhnen profitiert.«

Wiederum zwei Jahre später, am 14. Juni 1991, stand der Frauenstreik an. Eine halbe Million Schweizerinnen legten an diesem Tag die Arbeit nieder, nach dem Motto: »Wenn frau will, steht alles still«. Zwanzig Jahre nach der Einführung des Frauenstimmrechts sowie zehn Jahre nach der Ergänzung der Bundesverfassung durch den Gleichstellungsartikel hatten die Frauenorganisationen die Nase voll. Man rief zum öffentlichen Protest gegen die zögerliche Umsetzung des Verfassungsartikels durch den Bundesrat auf. Ja es wurde sogar von einer Verzögerungstaktik gesprochen.

Inzwischen wurde dank der Vorarbeit von feministischen Gruppierungen in der Öffentlichkeit auch der Ruf anderer

Interessengruppen laut: Senioren wollten nicht schon vor dem Rentenalter zum alten Eisen geworfen werden und reklamierten Jobs für sich. Behinderte sahen Chancen, bei Bewerbungen vermehrt ernst genommen zu werden. Der Slogan »Arbeit vor IV-Rente« leuchtete allen ein, versprach er doch Erfolg auf mehreren Ebenen: Die IV würde dadurch weniger belastet, die Betroffenen aus ihrer Isolation herausgeholt und dadurch seltener von zusätzlichen psychischen Erkrankungen bedroht.

Im Bereich der Chancengleichheit für Behinderte gab es bereits vor einem halben Jahrhundert wichtige Ansätze. Ein Pionier in dieser Sache war der Jurist Fritz Nüscheler, der während des Aktivdienstes an einer schweren Lungentuberkulose erkrankte und sich fortan der juristischen und sozialen Besserstellung behinderter Menschen widmete. Er war Ende der 1950er-Jahre maßgeblich an der Schaffung der Eidgenössischen Invalidenversicherung beteiligt, regte die Gründung eines Verbandes für Behindertensport an und sagte den architektonischen Barrieren, die den Rollstuhlfahrern das Leben schwer machten, den Kampf an. Im Bereich der geschützten Einrichtungen gab er einen Anstoß, der die Haltung gegenüber den Handicapierten nachhaltig verändern sollte: Aus Wohltätigkeitseinrichtungen zur Beschäftigung von Schwerbehinderten sollten leistungs- und marktorientierte Produktions- und Dienstleistungsstätten werden. Das war ein wichtiger Schritt in Richtung Gleichstellung und Chancengleichheit. Getreu dem Grundsatz, dass man Betroffene nicht nur fördern, sondern auch fordern sollte.

Die Sache der Behinderten wird auffallend oft von Persönlichkeiten in die Öffentlichkeit transportiert, die selber betroffen sind. Der ehemalige Berner Nationalrat und Anwalt Marc F. Suter, die Rollstuhlsportler Heinz Frei und Edith Hunkeler, der querschnittgelähmte ehemalige Skirennfahrer Silvano Beltrametti, der Thurgauer Politiker Christian Lohr, der als Contergan-Opfer ohne Arme und mit missgebildeten Beinen auf die Welt kam, oder die vielseitig engagierte Aiha Zemp, die als »Laune der Natur«, wie sie selber sagt, ohne Arme und ohne Beine geboren wurde, sind nur ein paar der wichtigsten Vorkämpfer. Sie machen glaubwürdig auf das Thema aufmerksam, indem sie der Welt beweisen, wie man trotz Handicaps große Leistungen erbringen kann. Nils Jent gehört selbstverständlich auch zu ihnen. Auch er ist eine Art Spitzensportler, auch wenn sein Name – bis jetzt – einer breiten Öffentlichkeit noch nicht bekannt war. Leider muss man feststellen, dass es ohne den Einsatz dieser Leute fast nicht geht. Denn die Gesellschaft ist skeptisch geworden. War man früher noch eher bereit, unterstützende Maßnahmen gutzuheißen, sind unter den wachsenden Kosten und der zunehmenden Verschuldung der Invalidenversicherung Vorbehalte laut geworden. Zusätzlich verunsichert worden sind viele durch die Debatten über angeblich Scheininvalide. Haben es wirklich alle verdient, dass man ihnen finanziell unter die Arme greift? Könnten einige mit ein bisschen Willen und Disziplin nicht auch selber für sich aufkommen?

Die boomenden Wirtschaftsjahre, während derer Unternehmen Mühe hatten, Personal zu rekrutieren, und deshalb offen für neue Ideen waren, sind vorbei. Die Unternehmen sind an einem Punkt angelangt, da man Menschen, die keine hundertprozentig stabile Leistungskurve vorzeigen können, nur zögerlich eine Arbeitsstelle anbietet. Risiken sind in diesem Bereich nicht mehr gefragt. Die Arbeitgeber fürchten, im harten Konkurrenzkampf wichtige Punkte zu verlieren. Die Arbeitnehmer haben Angst, wegen behinderter Kollegen, die man mittragen müsste, selber noch stärker unter Druck zu geraten. Dass es auf der anderen Seite auch eine Chance sein kann, sich auf Kollegen einzulassen, die nicht der Norm entsprechen, und dass so eine Zusammenarbeit einen Mehrwert bedeuten kann, ist äußerst schwierig zu vermitteln. Auch wenn es entsprechende Visionen, Projekte, Konzepte und konkrete Forschungsergebnisse seit Jahrzehnten gibt: Der Lernprozess, den die Wirtschaft durchlaufen muss, um auf Worte Taten folgen zu lassen, ist erst angelaufen.

# Integration ist wahnsinnig anstrengend

Gespräch mit Elisabeth Michel-Alder

*Die Soziologin und Journalistin Elisabeth Michel-Alder war 1985 Initiantin des Vereins »Taten statt Worte« und hat jahrelang für die Gleichberechtigung der Frauen gekämpft. Sie schaffte es, prominente Vertreter aus Politik, Wirtschaft und Wissenschaft um sich zu scharen, um auf ihre Anliegen aufmerksam zu machen und diese umzusetzen.*

**Frau Alder, Sie haben durch Ihr Engagement für die Sache der Frauen indirekt auch den Weg für die Anliegen von Menschen mit Behinderung geebnet. Wie schätzen Sie die Situation der Behinderten heute ein? Kommt die Integration voran?**
*Elisabeth Michel-Alder:* In der Öffentlichkeit und in der Gesetzgebung haben wir Fortschritte gemacht. Persönlichkeiten wie Marc F. Suter oder Guido A. Zäch, der Gründer des Schweizer Paraplegiker-Zentrums, waren dabei sehr wichtig. Sie sind artikulationsfähig und sozial integriert. So konnten sie einiges erreichen. Auch die Gruppe der HIV-Patienten konnte sehr viele Erfolge erzielen. Es ist erstaunlich, wie viele Mittel in die Aids-Prävention investiert wurden. Wunderbar! Aber: Der Funke ist nicht übergesprungen auf andere Behindertengruppen.

In der Arbeitswelt wurde die Situation nur schlechter. Da ging es rückwärts. Das hängt mit der wahnsinnigen Verdichtung der Arbeit zusammen und mit der generellen Höherqualifizierung, die verlangt wird, damit wir diese Art von Wertschöpfung erbringen können – und mit einer Gesellschaft, in der jeder meint, er sei seines Glückes Schmied. Das glauben die Menschen wirklich. Sie meinen, wir hätten eine Open Society. Aber das stimmt nicht. Das Bildungssystem ist total konservativ. Es kommt kaum einer aus Hilfsarbeiterkreisen an die Uni. Wir sind eine sehr traditionelle Gesellschaft.

**Die Wirtschaft müsste doch längst gemerkt haben, dass man das Potenzial der Angestellten – auch von Behinderten – nutzen muss, um den Erfolg zu steigern.**

Aber dann müsste die Wirtschaft rational sein. Dann hätte man längst mehr Frauen eingestellt. Ich habe in den Achtzigerjahren, natürlich ironisch, immer wieder gesagt: Wenn Sie wirklich ein ökonomisch denkender Unternehmer wären, müssten Sie doch reihenweise Frauen anstellen, die haben Sie ja zwanzig Prozent billiger als die Männer. Aber offenbar spielt eine andere Logik. Ich glaube, es geht darum, dass in diesen Selektionsprozessen die »social credibility« eine große Rolle spielt, die soziale Glaubwürdigkeit. Die Gruppe, die ihre Mitglieder auswählt, bestimmt diese »social credibility«. Die katholische Kirche sagt zum Beispiel: Wer zu uns gehören will, muss ein Mann sein, und er muss ledig sein. Ähnlich ist es in der Wirtschaft: Wenn es um die Autorität geht, einen ganzen Konzern zu führen, stuft man Frauen als weniger glaubwürdig ein, außer vielleicht in einem Familienbetrieb. In der Wissenschaft dasselbe. Sogar im Gewerbe. Es gibt ganz wenig Spenglermeisterinnen. Aber die Frau des Spenglermeisters darf zu Hause die Buchhaltung für den Betrieb machen und den Zmittag kochen.

### Die alten Rollenmuster werden tradiert.

Ich kenne prominente Persönlichkeiten, die über ihre Abdankung nachdenken und sich dafür keine Pfarrerin vorstellen können. Aber wenn wir über die Diskriminierung von Behinderten reden würden, wären sie sehr liberal.

### Theorie und Praxis klaffen auseinander.

Der Luzerner Nationalrat und Unternehmer Otto Ineichen hat eine Unternehmergruppe gegründet und behauptet, nun schaffe man Arbeitsplätze für Behinderte. Gehen Sie mal fragen bei der Invalidenversicherung: Das ganze Projekt wurde abgeblasen. Niemand hat sich gemeldet. Die Unternehmer wollten nicht mitmachen.

Novartis-Präsident Daniel Vasella sagte mal, bei Novartis würde man auch Behinderte anstellen. Ich glaube ihm sogar. Aber ich weiß, wie das läuft: Der Abteilungsleiter, nicht nur beim Pharmariesen, hat Vorgaben, muss Leistungen erbringen, einen bestimmten Output sicherstellen, alles ist ökonomisiert. Dieser Chef wird primär dafür sorgen, dass er voll einsatzfähige Leute hat. Sonst erfüllt er seine Vorgaben nämlich nicht. Alle jene, die Leistungen erbringen müssen und irgendeiner Kostenstelle verpflichtet sind, mauern wie verrückt. Das ist eine Logik, die ich sogar verstehen kann. Man müsste diesen Abteilungen von oben den Spielraum geben, damit sie Minderleistende integrieren können. Aber genau das passiert nicht. Es wird ihnen allenfalls ans Herz gelegt, etwas für die Behinderten zu tun.

**Gibt es positive Beispiele?**
Ja, vor allem bei den kleinen und mittleren Unternehmen. Der
»This-Priis« wird jedes Jahr an einen Betrieb vergeben, der
etwas für Behinderte tut. Meist gewinnt ein KMU diesen
Preis, weil die Chefs dort eine Beziehung zu einem Behinderten haben. Im besten Sinn eine paternalistische Haltung. Aber
die großen Systeme sind dafür nicht ausgelegt.

Ich arbeite zurzeit mit älteren Menschen. Jene, die jahrelang
gearbeitet haben, nicht gefordert wurden und sich irgendwann
in einer Routine im Kreis drehen. Mein Netzwerk »Silber-
fuchs« kümmert sich um diese Menschen. In jedem Großbe-
trieb gibt es sie, außer man hat sie früher schon rausgeschmis-
sen. Man ist 50, 55, etwas langsamer, begreift nicht mehr alles,
ein Minderleister halt. Was macht man mit ihnen? Bis vor
wenigen Jahren hat man sie in die Invalidenversicherung spe-
diert. Das ist eine Sauerei, da werden die Kosten einfach exter-
nalisiert. Das geht aber heute nicht mehr so gut. Jetzt sitzen
die Betriebe auf diesen Leuten, und die Frage ist immer noch:
Was macht man mit ihnen? Rausschmeißen kann man sie
nicht, Frühpensionierungen sind sehr teuer. Da gab es irgendwann die Idee, den Abteilungen, die solche Minderleister behalten, die Differenz zur Vollleistung zu bezahlen. Der Effekt
war die wüsteste psychische Ghettoisierung. Die Leute hatten
eine Etikette am Rücken, »Zwischenlager« stand da drauf. Sie
waren zur öffentlichen Hatz freigegeben. Obwohl die Idee an
und für sich nicht schlecht ist.

**Ist es nicht eine Bereicherung für ein Team, mit alten oder
behinderten Menschen zusammenzuarbeiten? Mit Leuten,
die vielleicht andere Ideen reinbringen?**
Das ist eine Illusion. Schauen Sie unsere Gesellschaft an. Die

Männer finden sich nach der Rekrutenschule – die Frauen schon nach der obligatorischen Schulzeit – nie mehr in durchmischten Gruppen. Wir organisieren uns spontan immer selbstähnlich. Um uns herum scharen wir Leute, die die gleiche Sportart betreiben, ähnliche Interessen haben und aus dem gleichen sozialen Milieu stammen wie wir selbst. Das ist am Arbeitsplatz nicht anders. Das ergibt eine schöne Beschleunigung der Arbeitsprozesse. Man muss nicht alles begründen. Alles flutscht so schön. Kaum angefangen, schon erledigt. Wenn sich Teams selbständig ergänzen, dann werden sie sich instinktiv selbstähnlich aufstellen. Es braucht einen intellektuellen Effort, damit sich das ändert. Wir sind träge und ändern unser Verhalten erst, wenn wir dreimal den Kopf angeschlagen haben.

Es gibt allerdings Leute, die sich dazu Gedanken machen. Sie stellen plötzlich fest, dass in einem Team alle ungefähr fünfzig Jahre alt sind und zur gleichen Zeit ins Pensionsalter kommen werden. Dann holt man einen Dreißigjährigen hinzu und merkt, dass das wahnsinnig anstrengend ist. Weil der seltsame Fragen stellt, weil der anders tickt und nach einem Party-Wochenende auch mal einen Hangover hat. Kurz: Es braucht einen Effort, um ihn zu integrieren.

**Ein pessimistisches Bild in Bezug auf die Chance für Handicapierte, in Betriebe eingegliedert zu werden.**

Es funktioniert meist nur über biografische Erfahrungen. Wer schon mal in der Familie oder in der Schule mit Behinderten zu tun hatte, wird es leichter haben, mit ihnen umzugehen. Schauen Sie die Leute an, die Menschen mit Behinderung betreuen oder Sonderpädagogik studieren: Die meisten hatten schon jemanden mit speziellen Bedürfnissen in der Familie. In den Großbetrieben scheitert das Vorhaben, Behinderte zu integrieren, nicht mal am guten Willen, sondern an der Frage, ob man sich das, bei allem Druck, der sonst schon vorhanden ist, überhaupt leisten kann.

Ich glaube mehr und mehr, eine Lösung wäre die Firma in der Firma. Warum nicht innerhalb der Novartis eine Firma »Novartissime« gründen? Dort könnte ein größerer Prozentsatz Handicapierte arbeiten. Und zwar so, dass einer nicht als Einzelner ständig das fünfte Rad am Wagen wäre. Besser sind Teams mit drei Behinderten und zweien ohne Behinderung. Solche Modelle müsste man prüfen. Sehbehinderte, Gehörlose, Einarmige, Beinamputierte, Menschen im Rollstuhl oder psychisch Handicapierte irgendwo reindrücken zu wollen, das geht wohl nicht. Es ist zwar politisch gescheit, es zu versuchen, um das Thema wieder auf den Plan zu bringen. Aber es gibt zu viele Subtilitäten, die einem Behinderten das Leben schwer machen.

In der Arbeitswelt ist im Moment zu viel Druck da. Wir können nicht auf einem derartigen Wohlstandsniveau leben und so wahnsinnig viel Wertschöpfung wollen. Zwanzig Prozent Kapitalrendite! – Das geht nur, wenn man die Leute ausquetscht wie Zitronen. Und wenn sie nicht mehr viel hergeben, trennt man sich von ihnen. Jack Welch, der sehr bewunderte, langjährige Boss von General Electric, hatte die folgende Philosophie: Du musst jedes Jahr die schwächsten zehn Prozent rauswerfen und dafür neue Mitarbeiter rekrutieren. Das bietet dir einigermaßen die Gewähr, dass du die Leistungsstärksten hast. Und er hat es getan. Jeder seiner Abteilungsleiter musste sich im Herbst überlegen, welche Mitarbeiter die Schwächsten waren, und diese dann rauskicken. Eine skandalöse Haltung, aber dafür erhielt Welch viel Applaus.

Meine Beobachtung ist eine andere: Wenn ein Team gut ist, dann sind alle gut. Aber wenn der Wurm drin ist, dann ist auch der Beste schwächer als in der gut funktionierenden Gruppe. Zu meinen, ein Arbeitnehmer sei ein autonomes Wesen, das irgendwo ganz alleine seine Leistung erbringt, unabhängig von anderen, ist falsch. Nicht einmal am Fließband funktioniert das. Der Erfolg der Mitarbeiter hängt auch da mit einer wohlwollenden Atmosphäre zusammen, mit Sprüchen von Kollegen, man ermutigt sich, wenn jemand müde ist, man gibt einander Halt.

Natürlich stelle ich mir in einer humaneren Gesellschaft vor, dass es Platz für Behinderte in der Arbeitswelt gibt. Es ist wichtig, dass wir zur Kenntnis nehmen, dass es sie überhaupt gibt. Sie sind ja in den letzten Jahren von der Straße verschwunden. Als ich klein war, sah man noch Kinder mit Down-Syndrom im Quartier. Es gab noch – verzeihen Sie den Ausdruck – den Dorftrottel. Er war da und bewegte sich unter allen anderen. Heute leben solche Menschen meistens in Heimen.

**Gibt es einen Trend zurück? In den Schulen laufen Versuche, Behinderte in Regelklassen zu integrieren.**
Der Grundentscheid »integrative Erziehung« ist gefallen. Aber ich bin für eine differenzierte Integration, denn sie muss im Interesse der Kinder erfolgen, auch der nicht behinderten. In gewissen Fällen ist eine Sonderförderung besser.

**Kann man Klassen überfordern mit zu vielen Kindern, die eine spezielle Aufmerksamkeit erfordern?**
Ich halte das nicht für ausgeschlossen. Es ist bestimmt eine Frage der Zahl. Aber es stellen sich andere Fragen: Nicht nur die Schule, sondern auch unsere Quartiere müssten integrati-

ver sein. Das ist leider überhaupt nicht der Fall. Die Behinderten sind nicht da. Auch die Alten sind in Heimen versorgt. Die Ausländer leben in ihren eigenen Quartieren. Unsere einzige Integrationsleistung sind unsere vier Landessprachen. Aber auch da: Wir lernen ja nicht Rätoromanisch, wir beschriften lediglich unsere Banknoten so. Das wars dann auch. Wir sind nicht gut in dieser Disziplin.

**Grundsätzlich kann man sagen, dass es zwei Interessen gibt, die sich diametral entgegenstehen. Nämlich das Tempo und die Anforderungen der Wirtschaft und die Bedürfnisse der Behinderten, die da nicht mithalten können.**

In der Industriegesellschaft waren die Menschen physisch stark belastet. In unserer Dienstleistungsgesellschaft ist der Druck psychosozial. Es gibt einen massiven Stress für Lehrer, Polizei und Servierpersonal ihren Kunden gegenüber. Dann der Kollegenstress: Man ist ständig gefordert, Zeit und Verständnis zu haben. Die meisten psychisch Kranken kommen aus Dienstleistungsberufen. Und der allergrößte Druck – quantitativ – ist der Führungsstress. Das heißt: Die Qualität der Führungsbeziehung ist oft nicht gut und belastet sowohl Vorgesetzte als auch Mitarbeiter.

Behinderungen können auch Probleme auf der psychosozialen Ebene zur Folge haben. Wenn jemand sehbehindert ist oder nichts hört, ist er im Umgang vielleicht misstrauischer oder kritischer als andere. Ich denke, es macht etwas aus, wenn man nicht im gleichen Maß sozial und emotional agil ist wie andere. Das gilt sogar für Rollstuhlfahrer, die zwar in der Gesellschaft viel erreicht haben, die aber – im wörtlichen Sinn – mit den übrigen Menschen nicht auf Augenhöhe kommunizieren. Das prägt die Menschen. Wenn wir diese Menschen ausgerechnet in den Dienstleistungssektor integrieren wollen, dann sind Probleme absehbar. Wenn schon, dann wären gewerbliche Berufe sinnvoller. Aber davon gibt es immer weniger. Die gesamte Entwicklung der Schweizer Wirtschaft läuft in eine andere Richtung. Darum bin ich nicht sehr optimistisch. Außer man würde andere Strukturen schaffen. Die Idee »Firma in der Firma« werde ich jedenfalls weiterentwickeln.

# Ein Nachmittag kann Wunder bewirken

Gespräch mit Martin und Lienhard Widmer

*Seit 2006 vergibt die Familie Widmer einen Preis für Unternehmen, die handicapierte Menschen integrieren. Im Zentrum steht Mathias Widmer, der seit seiner Geburt mit einer cerebralen Lähmung und einer starken Sehbehinderung lebt. Sein Vater, der Landarzt war, versuchte This, so wird Mathias in der Familie genannt, schon früh zu fördern und zu fordern. Nach dem Tod des Vaters gründeten Mathias' Brüder Martin und Lienhard den Verein »This-Priis«. Der Verein fördert die Integration von Handicapierten in der Arbeitswelt und schreibt jährlich einen Preis für Unternehmen und Institutionen aus, die behinderte Menschen in ihren Betrieben beschäftigen.*
*Die Brüder Martin und Lienhard Widmer sind ein ungleiches Duo. Martin, der Ältere, Ernstere der beiden, ist Historiker und ist sich seiner Rolle als Zugpferd der Familie durchaus bewusst, während Lienhard, Lichtgestalter von Beruf, offenbar schon immer als Enfant terrible galt. Bei aller Verbundenheit widersprechen sie sich oft, nehmen einander auf den Arm und zanken sich auch ab und zu. Das Gespräch mit ihnen war anregend, ernsthaft, ehrlich und dabei auch voller Humor und Selbstironie.*

**Wie hat Sie das Leben mit Ihrem Bruder geprägt im Umgang mit Behinderten?**

*Martin Widmer:* Ich bin zwar der mittlere Bruder, wurde aber wegen This' Behinderung faktisch zum Ältesten. Wir gingen zusammen in den Kindergarten, zwei Jahre lang. Dann ging ich in die Primarschule und er in eine Schule in Winterthur. Als ich später ins Gymnasium wechselte, haben wir jeden Morgen gemeinsam gefrühstückt und sind mit der Bahn nach Winterthur gefahren. Aber This hatte seine eigenen Leute im Zug – er kannte praktisch jeden.

**War Ihnen bewusst, dass Sie einen behinderten Bruder hatten?**

*Martin Widmer:* Wir sind so aufgewachsen, dass wir unsere Familienaktivitäten ihm anpassten. Man nahm ein bisschen Rücksicht, aber ansonsten war es nichts Besonderes.

*Lienhard Widmer:* Im Nachhinein habe ich das Gefühl, wir hätten ihn oft überfordert. Wandern über Stock und Stein oder segeln, das muss für ihn schwierig gewesen sein. Er ist fast blind und kann wegen seines extremen Tunnelblicks kaum wahrnehmen, was links und rechts des Weges passiert.

*Martin Widmer:* Bei Menschen mit Handicaps ist es oft so: Entweder du überforderst sie oder du unterforderst sie. Bei uns waren die Rollen so verteilt, dass unser Vater von This eher zu viel verlangte und die Mutter den Ausgleich leisten musste. Das hat sich bei uns zweien fortgesetzt.

**Wer übernimmt welche Rolle?**

*Lienhard Widmer:* Ich nehme ihn in Schutz und versuche, ihn von jeglichem Stress zu befreien.

*Martin Widmer:* Und ich sage: Lieni, This muss doch etwas zu tun haben, du kannst ihm doch nicht alles abnehmen. In diesem Dauerclinch sind wir aufgewachsen. Wir hatten einen Vater, dem Leistung sehr wichtig war. Er war ein Patriarch: Landarzt mit Krawatte.

**Wie kann sich This ausdrücken?**
*Lienhard Widmer:* Er kann reden und sich gut verständigen. Macht gerne mal einen Schwatz mit den Leuten.

**Auf welchem intellektuellen Niveau?**
*Lienhard Widmer:* Sehr schwierig zu sagen. Er ist ein ganz cleverer Fuchs und wäre vermutlich der Ober-Banker der Familie geworden. Er hatte schon immer ein enormes Feeling für Geld, konnte alle Telefonnummern auswendig, reiste allein in der ganzen Schweiz herum und schenkte den Buschauffeuren Torten zum Geburtstag.

**Inwiefern weiß er um sein Behindertsein?**
*Lienhard Widmer:* Er ist sich dessen nicht permanent bewusst. Aber er hat irgendwann mitbekommen, dass wir beide Familie haben und einen anderen Weg gehen als er. Dass er seine Defizite realisierte, hat ihn psychisch belastet.
*Martin Widmer:* Ursprünglich war sein Traumberuf Briefträger. Das hat so angefangen: Unser Vater hat sich überlegt, was This machen könnte, und sagte sich, der Junge hat ein Händchen für Geld, der könnte doch meine Rechnungen austragen. Er könnte sich das Porto verdienen und so etwas beiseitelegen. Man schrieb ihm also groß die Adressen auf die Couverts, und er verteilte die Briefe. Er klingelte aber immer, denn er wollte sicher sein, dass er am richtigen Ort war. Zudem wusste er, dass er ein Trinkgeld bekam oder ein

Guetsli oder man kurz Zeit für einen Schwatz hatte. So sah er sich bald als Pöstler und dachte: Ich kann das. Aber er konnte natürlich nicht offiziell Briefträger werden. Diese Geschichte kam ungefähr mit vierzig wieder hoch. Er hatte eine klassische Midlife-Crisis, als er merkte, dass seine Arbeit – Schräubchen drehen, Nägel einschlagen – ihn nicht befriedigte. Er wollte einen rechten Job. Er sagte: Wenn ihr mir diesen Job nicht beschafft, dann beschaffe ich ihn mir selber.

*Lienhard Widmer:* Er dachte wohl: Jetzt setzen wir das um. This kann gut telefonieren, also rief er bei der Post und bei der Bahn an. Man sagte ihm, er solle seine Unterlagen einschicken. »Wie stellst du dir das vor?«, fragte ich This und merkte, dass das für ihn kein Problem war, wohl aber für die Arbeitgeber und alle um ihn herum.

*Martin Widmer:* Dann kam er in die Psychiatrie. Dort waren sie überfordert, also mussten wir selber aktiv werden. Ich schlug dem Leiter eines Altersheims vor, dass This dort die interne Post austragen könnte. Ja, stellen Sie sich vor, in einem städtischen Altersheim so etwas einzuführen. Das war nicht möglich. Schließlich fanden wir einen Job für ihn am Gymnasium Unterstrass in Zürich. Ich kannte da den Schulleiter und sprach ihn einmal nebenbei auf eine mögliche Beschäftigung von This an. Der meinte: »Komm, wir reden mit unserem Küchenchef und fragen ihn.« Dieser sagte: »Warum nicht, probieren wirs.« Daraufhin war This zehn Jahre in dieser Küche beschäftigt, zuerst einen Tag pro Woche, dann zwei. Bis wir wieder zu einem Punkt kamen, dass wir uns fragten, ob es für ihn eine Überforderung sei, jede Woche mit der S-Bahn vom Züriwerk in Bubikon, wo er wohnte, in die Stadt zu fahren und dort aufs Tram umzusteigen.

*Lienhard Widmer:* Dazu ist zu sagen, dass This sehr integrativ wirkte. Durch seine Präsenz wurden die Schüler im Umgang mit Behinderten sensibilisiert. Das war ganz toll. Ein Beispiel: Wenn er die Tische abwischte, ging manchmal ein Glas kaputt, das die Schüler hatten stehen lassen. Wegen seines Tunnelblicks konnte This es nicht sehen und stieß es aus Versehen um. Da ging er zum Chef und sagte: «So geht es nicht, ich schmeiße immer irgendwas um, das ich nicht sehe.« Der Chef meinte: »Wenn du ein Problem hast, musst du denen selber sagen, was dich stört.« Da stand er dann in der Mensa vor 150 Schüler hin und erklärte: »Ich sehe nichts, bitte helft mir, damit ich die Tische besser abwischen kann.« Von da an war alles immer picobello weggeräumt.

*Martin Widmer:* Ich fragte den Schulleiter mal, warum er This eingestellt habe. Einfach als gute Tat? Seine Antwort: »Seit This bei uns arbeitet, muss ich den Schülern nicht mehr erklären, was Integration ist.« Damit leistete This einen Beitrag zur sozialen Kultur an dieser Schule, die man nicht kaufen kann. Das ist seine Art von Produktivität. Er hat eine sehr hohe Sozialkompetenz.

**Viele Betriebe sehen diesen Nutzen nicht, weil man ihn nicht in Franken und Rappen beziffern kann.**

*Lienhard Widmer:* Diese Art von Sensibilisierung wollen wir mit dem »This-Priis« fördern, und es gelingt uns mittlerweile recht gut. Es ist ja bereits eine Riesenkiste. Zuerst dachten wir, wir machen es mal drei Jahre. Aber jetzt sind wir schon doppelt so lange dran.

*Martin Widmer:* Wir haben die Idee gemeinsam mit unserem Vater geboren, weil ihm eine sinnvolle Arbeit für This ein wichtiges Anliegen war. Unsere Erfahrung mit This' Krise war, dass die meisten überfordert sind, wenn einer dermaßen aus dem

System rausfällt. Dann sahen wir, was es This brachte, mindestens einen Tag pro Woche aus der geschützten Werkstatt rauszukönnen.

*Lienhard Widmer:* This erzählte immer so stolz von seinem Job in Zürich. Das war eine gute Sache für alle Beteiligten. Zuerst schälte er in der Küche Rüebli, dann brachte er den Kaffee ins Lehrerzimmer und half bei der Ausgabe der Menüs. Er hatte eine Funktion, alle kannten ihn, und seine Arbeit hatte für ihn einen Sinn.

*Martin Widmer:* Zudem brachte es uns als Familie sehr viel. Er blühte auf, und es ging ihm viel besser. Mit Gesprächstherapien kommt man da nicht weiter. Aber dieser kleine Job, das brachte für alle etwas.

*Lienhard Widmer:* Einer unserer Preisträger, Alessandro Miele von der Mico Präzisionsmechanik GmbH in Kaltbrunn, sagte mal: »Manchmal muss man einfach machen. Probieren. Etwas unternehmen. Wenn es geht, ist es gut, wenn nicht, so haben wir es doch versucht.« Seit zwölf Jahren arbeitet Karl Schmucki, der zuvor in einer geschützten Werkstatt beschäftigt war, in dieser Firma und gehört einfach dazu.

*Martin Widmer:* Volkswirtschaftlich lässt sich das kaum berechnen, was diese Integration bringt. Aber wenn man bedenkt, dass so viele Leute, die psychisch krank sind und keinen Sinn mehr sehen, aus dem System fallen, so kommt das am Ende sehr teuer zu stehen.

**Behinderte zu beschäftigen, verlangt offenbar ein persönliches Engagement.**

*Martin Widmer:* Und zwar von unten wie von oben.

*Lienhard Widmer:* Dieses Jahr haben wir das Reisebüro Bettio in Wald ausgezeichnet, welches Rösli Huber beschäftigt, eine Kollegin von This, die mit ihm in Bubikon wohnt und in der Werkstatt neben ihm arbeitet: Seit achtzehn Jahren fährt sie mit dem Bus immer am Donnerstagnachmittag ins Reisebüro nach Wald und bündelt dort Papier.

*Martin Widmer:* Da war damals eine junge Frau, die mit 22 ein Reisebüro gründete. Dann bekam sie Kinder und verkaufte das Geschäft. Der Käufer übernahm Rösli und sagte, sie könne bleiben. Heute arbeitet da ein Team von fünf Leuten, und die Idee wird von unten und oben getragen.

**Haben die Betriebe Angst, weil sie denken, sie müssten jemanden voll beschäftigen?**

*Martin Widmer:* Vielleicht. Aber darum geht es gar nicht. Ein Nachmittag pro Woche kann Wunder bewirken. Wie bei This oder Rösli. Es muss die ganze Bandbreite geben, von einem halben Tag bis zur Vollintegration. Die Funktion der Behinderten in den Betrieben kann ganz unterschiedlich sein. Aber der gemeinsame Nenner ist, dass es etwas mit Unternehmenskultur zu tun hat. Andreas Lehmann, der Gründer der Holzofenbäckerei Lehmann in Lanterswil – ein Betrieb mit fünfzig Angestellten –, hat es so gesagt: »Wenn ich jemanden anstellen will, dann schaue ich zuerst, wie er mit unseren vier Behinderten im Betrieb umgeht. Wenn er ihnen gegenüber schleimt, stelle ich ihn nicht an. Wenn er sie links liegen lässt, stelle ich ihn auch nicht an. Aber wenn er mit ihnen normal umgehen kann, merke ich, dass er eine gesunde Sozialkompetenz hat. Ich lese an Marco, Jacqueline, Basil und Barbara die Stimmung im Betrieb ab. Wenn sie hypern, dann ist der ganze Betrieb nervös. Aber wenn es ihnen gut geht, ist meist alles in Ordnung. Sie sind die Seismografen unseres Betriebs.«

**Worauf achtet die Jury bei der Preisvergabe?**

*Lienhard Widmer:* Die Nachhaltigkeit der Integrationsarbeit ist das wichtigste Kriterium. Wenn das ein Betrieb schon lange macht, können wir ihn als gutes Beispiel belohnen und mit dieser Integrationsgeschichte anderen Unternehmern Mut machen, es ihnen nachzutun. Oder mindestens mal nachzufragen, wie man das anstellen könnte. Eine wichtige Bedingung ist auch, dass die Behinderten, die beschäftigt sind, auf der Payroll stehen. Sie müssen für ihre Arbeit vom Unternehmen entschädigt werden. Auch wenn das, wie im Fall Rösli Huber, nur ein minimer Betrag ist. Da gibt es alle Abstufungen. Das Problem sind manchmal die Strukturen der Invalidenversicherung. Wenn einer eine Fünfzig-Prozent-Stelle hat und eine Lohnerhöhung bekommt, dann wird eventuell seine Rente gekürzt, und er hat am Ende des Monats weniger Geld als vorher. Es ist sehr kompliziert. Und das stinkt allen Betroffenen, Arbeitgebern und Arbeitnehmern. Das andere Problem sind die Versicherungen: Wenn jemand zu einem Versicherungsfall wird, dann können die Prämien des betreffenden Unternehmens steigen.

**Was interessiert Sie am meisten, wenn Sie einen Betrieb unter die Lupe nehmen?**

*Lienhard Widmer:* Es gibt so schöne Geschichten. Von den über zwanzig Nominationen, die wir jedes Jahr erhalten, sind die meisten positive Beispiele von Integrationsbemühungen.

*Martin Widmer:* Was uns bei der Stange hält und spannend ist, ist die Möglichkeit, diese Betriebe zu besuchen und mit den Leuten zu reden. Das ist ein Privileg, hinter die Kulissen zu sehen. Christos Fokas zum Beispiel, ein Grieche, hat eine klassische Tellerwäscherkarriere gemacht. Seine Firma stellt unter anderem Ölabscheiderringe für Schiffsdieselmotoren her, sie produziert 85 Prozent des Weltmarktes. Die Firma in Zürich hat 27 Angestellte, wird jetzt von seinen beiden Söhnen geführt und hat drei Handicapierte integriert.

**Ihr Vater hat den Preis vor seinem Tod angeregt.**
**Wie haben Sie die Idee umgesetzt?**
*Lienhard Widmer:* Der »This-Priis« ist ein bisschen Martins Kind.

*Martin Widmer:* Mein Vater und ich haben mit einer Juristin, die bei der Telefonseelsorge arbeitete, ein Modell skizziert. Dann wurde Vaters Parkinson-Krankheit aber so stark, dass wir das Projekt auf Eis legten. Wir wollten lieber noch ein bisschen Zeit mit ihm verbringen. Als er 2003 starb, begannen wir mit der Umsetzung. Das schweißte uns zusammen. Wir hatten früher nicht so viel Kontakt miteinander.

*Lienhard Widmer:* Ja, du warst viel mit This zusammen, und ich war der kleine Saugoof, das schwarze Schaf der Familie. Habe alles gemacht, was Gott verboten hat.

**Welche Wirkung kann der »This-Priis« auf andere**
**Unternehmen haben?**
*Martin Widmer:* Wir entwickeln jetzt eine Botschafter-Strategie. Die ehemaligen Preisträger sollen Botschafter für weitere mögliche Preisträger sein. Sie sollen ihnen sagen: Schaut her, so machen wirs, das könnt ihr auch. Ein Beispiel: Die Firma Prang + Partner in Pfungen, die hat den Preis im Jahre 2011 für ihre langjährige und erfolgreiche Integration von Handicapierten im Unternehmen erhalten. Diese Firma stellt alle Arten von Heizungen her, unter anderem für Stadler Rail. Jetzt hat Prang + Partner viele Unternehmen der Branche zu einer

Tagung eingeladen, und bei dieser Tagung bekommt das Thema »Integration am Arbeitsplatz« ein Fenster von fünfzehn Minuten. Da erzählen die drei Inhaber und Geschäftsleiter von Prang + Partner, wie sie das machen. Super, ein Auftritt vor den versammelten Kollegen! Die Idee ist, dass wir Leute für die Verbreitung unserer Idee einsetzen, die die Sprache der Unternehmer sprechen. Das können unsere Botschafter, und wir bleiben im Hintergrund.

*Lienhard Widmer:* Leider ist der »This-Priis« bis jetzt lediglich regional ausgerichtet. Was wir nicht leisten können – aber da sind wir auf der Suche –, ist ein gesamtschweizerisches Netzwerk. Da sind wir schon verschiedentlich angefragt worden. Die Luzerner sind gekommen, in der Zentralschweiz und im Bündnerland besteht ein Interesse, etwas Vergleichbares aufzuziehen. Aber für uns als Familie ist das eine Nummer zu groß. Wir machen das ja aus einer persönlichen Betroffenheit heraus, zusammen mit einem Team, das in der Jury und im Vorstand des Vereins mitarbeitet.

*Martin Widmer:* Der Preis ist nur ein Vehikel, um die Sensibilisierung zu fördern. Das Bundesamt für Sozialversicherungen gibt viel Geld aus für entsprechende Kampagnen, von denen man nicht weiß, ob sie wirklich etwas bewirken. Wir können den Erfolg zwar auch nicht messen, aber über gute Geschichten und über die Unternehmer sollte es funktionieren.

*Lienhard Widmer:* Die ersten Jahre haben wir den Preis und die Lancierung selber aus einem Teil des Erbes unseres Vaters finanziert. Jetzt ist diese Summe praktisch aufgebraucht. Inzwischen haben aber so viele Leute Geld gespendet, dass die Idee weitere Kreise zieht und dass wir den Preis auf weitere drei Jahre hinaus finanzieren können.

# Nachtrag

Kurz bevor dieses Buch in Druck geht, erreicht mich eine Mail von Nils, die ich niemandem vorenthalten möchte:

*»Menschen neigen dazu, die Medaille mit der zerkratzten Seite nach oben zu drehen, statt sie auf ihrem Rand kreisen zu lassen und sich so an der Energie der schönen Seite zu laben. Wer es schafft, beide Seiten konstruktiv in sein Leben zu integrieren, profitiert entscheidend. Wo wäre ich heute, wenn ich damals stehen geblieben wäre – im sinnlosen Nachsinnen und der Frage nach dem Warum? Eine Frage, auf die es nie eine Antwort geben wird.«*

# Danke

Ich danke allen, die mir für dieses Buch geduldig und offen Auskunft gegeben haben: über Nils Jent, seine Vergangenheit, seinen Unfall, seine Genesung, seinen Weg, seine Leistung. Allen, die fachlich kompetent mit mir diskutiert haben: über Diversity, Chancengleichheit, Gleichberechtigung, Integration und Behindertenquoten. Und allen, die mir zugehört haben, wenn ich laut über mein Buchprojekt nachgedacht habe, dessen Realisation sich letztlich doch über zwei Jahre hinzog.

Ein spezieller Dank geht an Professor Martin Hilb, Direktor des Instituts für Führung und Personalmanagement an der Universität St. Gallen, für sein Vertrauen und die Unterstützung des Projekts.

Vor allem aber danke ich Nils Jent von ganzem Herzen für seine Offenheit, seine Geduld und seinen positiven Elan – aber auch für seine Präzision und seine Beharrlichkeit. In diesem Werk steckt ein hartes Stück Arbeit, mein Lieber, das wissen wir beide. Ich bin stolz, dass wir es geschafft haben. Es hat sich gelohnt.

# Quellenangaben und Links

Nils Jent, Learning from Diversity – Gleichwertigkeit ≠ Gleichartigkeit (Dissertation Universität St. Gallen, 2002)

Nils Jent, Diversity: Zauberwort zur Leistungssteigerung des HR-Bereichs (Universität St. Gallen, 2005)

Nils Jent, Die Ziele der angewandten Forschung am CDI-HSG (Referat zur Eröffnung des CDI, St. Gallen 2009)

Hélène Jent, Tagebücher 1980–2010 (privat)

Catherine Müller / Gudrun Sander, Innovativ führen mit Diversity-Kompetenz (Haupt Verlag, Bern 2009)

McKinsey & Company, Women Matter (diverse Gender-studien 2007–2010)

IPT-Integration für alle (diverse Studien 2007–2009)

This-Priis: www.this-priis.ch

Stiftung MyHandicap: www.myhandicap.com

Mehr Informationen zum im Buch erwähnten Dokumentar-film über Nils Jent finden Sie auf: www.nilsjentfilm.ch

# Center for Disability and Integration

Dr. Nils Jent arbeitet nebst seinen Lehrverpflichtungen an den Universitäten St. Gallen und Luzern 100 Prozent an zwei Instituten der Universität St. Gallen: Er leitet das IFPM Diversity Center HSG am Institut für Führung und Personalmanagement und ist Projektleiter für die angewandte Forschung am Center for Disability and Integration (CDI-HSG).

Das Forschungscenter für Behinderung und Integration teilt sich auf in drei interdisziplinär miteinander verbundene Bereiche:
- Grundlagenforschung Volkswirtschaft,
  Leitungsverantwortung Prof. Dr. Eva Deuchert
- Grundlagenforschung Betriebswirtschaft,
  Leitungsverantwortung Prof. Dr. Stephan Böhm
- Angewandte Forschung,
  Leitungsverantwortung Dr. Nils Jent

Finanziell getragen wird das Center praktisch vollumfänglich durch die Stiftung MyHandicap von Joachim Schoss, dem bekannten Internetpionier und Gründer von Scout24.com.

Das zurzeit zehnköpfige CDI-HSG-Team ist, wie alle der Universität St. Gallen angegliederten Institute und Forschungszentren, aktiv in Forschung, Lehre und Praxis.

Das Forschungscenter für Behinderung und Integration ergründet mit der betriebswirtschaftlichen Grundlagenforschung, welche Probleme und Effekte im Zusammenhang mit der Integration von Arbeitskräften mit Behinderung auftreten sowie welche Wirkung diese auf die betroffenen Menschen mit Behinderung haben. Erforscht wird die Wirkung der Unternehmenskultur oder der Arbeitsplatzgestaltung auf die Integrationsfähigkeit von behinderten Mitarbeitenden. Beobachtet und gemessen werden beispielsweise die Zufriedenheit und Motivation sowie die Leistungs- und Persönlichkeitsentwicklung bei jenen Mitarbeitenden mit Behinderung. Schließlich werden im Vergleich mit einer Kontrollgruppe ohne Behinderung Abweichungen aufgezeigt.

Die volkswirtschaftliche Grundlagenforschung untersucht Maßnahmen und Phänomene im Zusammenhang mit den Mitgliedern mit Behinderung, welche die gesamte Gesellschaft betreffen. Wirtschafts- und sozialpolitisch nicht integrierte Mitglieder mit Behinderung kosten den Staat beziehungsweise die Gesellschaft ein Vermögen. Dafür muss letztlich jeder einzelne der rund 3,35 Millionen Steuerzahler in der Schweiz aufkommen. Bis Mitte 2011 sind beispielsweise bei der schweizerischen Invalidenversicherung Schulden in der Höhe von 15 Milliarden Franken aufgelaufen. Welche Mechanismen, welche Politik und was im Einzelnen zu diesem Desaster beiträgt, ist exemplarisch Gegenstand von Untersuchungen und Analysen der Volkswirte am CDI-HSG.

Der Bereich »Angewandte Forschung« entwickelt auf den Erkenntnissen der Grundlagenforscher konkrete Maßnahmen sowie praxisnahe Integrationskonzepte und -instrumente, wie die Integration von Mitarbeitenden mit Behinderung in ein Teamgefüge zu gestalten ist, damit alle Involvierten davon einen Nutzen haben: Wie werden Arbeitsplätze und Infrastrukturen an die Erfordernisse von bestimmten Behinderungen angepasst? Wie sind Team- und Führungsstrukturen zu gestalten, damit Arbeitskräfte mit Behinderung bestmöglich partizipieren können? Wie sind System, Kultur, Struktur und Strategie eines Unternehmens so zu optimieren, dass aus dem Zusammenspiel von Menschen mit und ohne Behinderung ein Mehrwert für alle entsteht? Von Bedeutung ist deshalb, jeweils Aufwand und Ertrag der verschiedenen Maßnahmen zu belegen.

Zentral für diese Forschungsbereiche ist sowohl der Werthaltungswandel als auch der wirtschaftlich faire Aspekt. Nur wenn eine zusätzliche Wertschöpfung für alle geschaffen wird, profitieren Menschen mit Behinderung, Menschen ohne Behinderung sowie die Gesellschaft und die Unternehmen als Ganzes von den erbrachten Integrationsbestrebungen.